털북숭이
친구
페퍼와
30일
유럽여행

트립도기
Trip Doggy

털북숭이
친구 페퍼와
30일 유럽여행

글, 사진
권인영

21세기북스

CONTENTS

12 ──── 프롤그 너와 함께라면, 어디라도!

INTRO 우리 떠날 수 있겠지?

18 ──── STEP 1. 여행 마인드 준비 "여행은 준비가 필요해!"
20 ──── STEP 2. 여행 서류 준비 "검역 준비를 놓치면 안 돼"
22 ──── STEP 3. 본격 여행 계획 수립 "기간, 비용, 일정 등 여행 계획을 자세하게 세운다"
24 ──── STEP 4. 숙소 확정 "우리가 함께 잠들 수 있는 곳은 중요하지!"
26 ──── STEP 5. 여행 짐 싸기 "진짜 떠나긴 하는구나!"

PART1 일단 파리에 도착은 했는데…!

34 ──── 01 유럽으로 출발!
37 ──── 02 우리 정말 파리에 도착한거니?
40 ──── 03 낯선 나라와의 첫 만남
44 ──── 04 파리라는 새로운 세상
54 ──── 05 개도 편하게 탈 수 있는 파리 지하철
59 ──── 06 개들이 자유로운 루브르의 정원
66 ──── 07 조명을 밝힌 에펠탑의 야경
69 ──── 08 페퍼와 함께라서 두렵지 않은 몽마르트르 언덕

PART2 이 풍경에 네가 있다니!

74 ──── 01 베르사유 궁전 가는 날
82 ──── 02 평생 잊을 수 없는 너의 얼굴
86 ──── 03 ca depend(싸데뻥) 정신의 나라라고?!
92 ──── 04 프랑스 소도시 여행 In 에트르타
99 ──── 05 세계여행 중인 두 친구
104 ──── 06 천 년을 간직한 수도원, 몽생미셸
111 ──── 07 파리 숙소, 너는 악몽이었어!
114 ──── 08 프랑스 애견 숍 체험

CONTENTS

PART3 가장 좋은 여행 친구, 너라서 다행이야!

- 122 — 01 스위스로 떠나는 날
- 124 — 02 기차의 저주 I
- 129 — 03 기차의 저주 II
- 132 — 04 기대를 만들어 준 스위스 숙소
- 137 — 05 스위스에서의 이중생활
- 142 — 06 그린델발트의 추억
- 150 — 07 함께이기에 충분한 의미, 피르스트
- 157 — 08 개와 함께 한다는 것
- 158 — 09 멋진 풍경, 차가운 날씨, 따뜻한 사람들로 기억되는 쉴튼호른

PART4 아무리 울어봐도 소용 없어!

- 166 — 01 이제는 이탈리아!
- 171 — 02 피렌체와의 첫 만남
- 176 — 03 완벽한 나의 털북숭이 친구, 페퍼
- 184 — 04 앞으로의 일은 모른 채 만끽한 여유
- 188 — 05 지옥을 경험한 로마에서의 하루
- 195 — 06 포지타노로 가는 길
- 197 — 07 불길한 예감은 빗나가지 않아
- 201 — 08 여행자의 책임, 견주의 역할
- 208 — 09 우리, 떠나오길 참 잘했다
- 212 — 10 포지타노의 꿈같은 3일
- 216 — 11 다시 돌아온 로마 그리고 안지오(Anzio)
- 223 — 12 사비노, 세 마리 개들과의 만남
- 230 — 13 로마에서의 마지막 미션
- 237 — 14 이제 집으로!

- 238 — 에필로그 내 개의 찬란한 순간의 기록

PROLOGUE

프 / 롤 / 로 / 그

너와 함께라면,
어디라도
!

우리 집에는 늘 개가 있었기 때문에 태어나면서부터 한 번도 개와 함께 하지 않았던 날이 없었다. 더불어 엄마의 유별난 '개사랑' 유전자 또한 나를 비켜가지 않았다. 덕분에 아침에 눈을 뜨면 털 뭉치 친구가 내 옆에서 몸을 비비고 얼굴을 핥는 것은 당연한 일상이 되었다.

엄마도 어렸을 때부터 개를 키웠다. 그 시절 개들의 삶은 마당에서 남은 밥과 반찬을 먹고, 외부인을 경계하며 짖는 것. 그것이 전부였다. 엄마와 이모들은 추운 겨울 마당에서 홀로 집을 지키는 개가 안쓰러워 밤이면 몰래 방 안으로 데려와 이불 속에서 함께 잠이 들었고, 아침이면 할아버지에게 혼이 나곤 했다. 할아버지는 개를 좋아했지만, 개들이 크면 개장수에게 돈을 받고 팔기도 했다. 그 시절 어른들에게는 그리 경악할만한 상황이 아니었지만 엄마에게 그것은 큰 충격으로 다가왔고, 할아버지가 아주 미웠다고 했다. 굉장히 오래된 이야기지만 엄마는 지금도 그 이야기를 할 때면 어김없이 눈물을 흘린다. 그때의 상처와 기억 때문인지 엄마는 개들에게 한없이 약한 사람이 되었고, 나는 동물에 대한 엄마의 사랑을 보고 느끼며 자라 동물 사랑이 당연한 아이가 되었다.

그렇게 운명인 듯 필연인 듯, 개와 함께 하는 삶이 시작됐다. 초등학생 시절 부모님을 졸라 작은 요크셔테리어 한 마리를 입양했다. 이름은 하늘이. 작은 개 한 마리가 주는 즐거움과 행복은 생각보다 컸다. 당시 나는 개에게 해줄 수 있는 모든 것을 해주고 싶었다. 하지만 초등학생 때부터 나의 성장기를 함께 해준 작은 개는 점점 늙어갔고, 교복을 입고 대학 입시를 준비하는 동안 서서히 내 삶에서 멀어졌다. 우리 가족에게 당연한 존재였지만, 그뿐이었다. 지금 돌이켜 생각해보면 하늘이는 항상 내 곁에 있었

는데, 나는 힘없고 잠만 자는 나의 늙은 개를 한 번 더 쳐다봐주고 돌아봐주고 안아주지 못한 것 같다. 하늘이가 떠난 후에야 마음이 무너졌다. 하늘이의 죽음을 경험한 후 더 큰 책임감을 느끼게 됐고 지금의 개들에게는 그런 후회를 남기고 싶지 않았다.

하지만 보더 콜리 견종으로 중·대형 견에 속하는 개들에게 나는 너무도 서툰 사람이었다. 개들은 처음부터 사람이 원하는 대로 움직여주지 않는다. 서로에게 익숙해지고 맞춰갈 때까지 시간과 노력이 필요하다. 부르면 도망가고, 배변을 가리지 못하고, 달리는 차에 몸을 날려 뛰어들 때도 있다. 이렇게 생각하지 못했던 여러 문제가 곳곳에서 생겨났지만, 공부와 전문가의 도움을 응원 삼아 개들을 알기 위해 계속 노력했다. 당연히 내 뜻대로 되지 않는 부분이 많았고, 답답하고 힘든 마음에 울기도 많이 울었다. 하지만 그런 우여곡절을 통해 나는 그들에게 더 큰 애정을 갖게 되었다. 지금 와서 생각해보면 당시의 어려움은 노력과 끈기, 시간이 자연스럽게 해결해주는 부분이었다.

함께 있는 시간이 쌓여갈수록 말 못 하는 내 개들에 대한 나의 감정은 점점 더 깊어졌다. 끈끈한 우정이기도 하고, 깊은 사랑이기도 했다. 그때부터 나는 이들이 내 곁을 떠나게 될 멀다면 멀고 짧다면 짧은 미래에 대해 걱정을 하기 시작했다. 나보다 몇 배는 빠르게 흐르는 시간 속에 사는 내 개들은 아무것도 모르고 하루하루를 씩씩하게 살아가는데, 나는 이들의 미래를 내다보는 점쟁이라도 된 것처럼 슬퍼질 때가 있었다. 하지만 그런 마음이 들수록 지금 함께 보내는 시간 속에서 이들에게 더 최선을 다하리라 다짐했다.

PROLOGUE

'오늘은 혼내지 말아야지.
오늘은 사료 말고 더 맛있는 것을 줘야지.
오늘은 좋아하는 곳에 데리고 가줘야지.'

집을 가장 좋아해서 자발적 집순이였던 내가 그들을 위해 함께 운동하고, 훌쩍 여행을 떠나기도 했다. 나는 그들이 개로서 자유롭게 뛰놀고 행복해하는 모습을 보며 그들보다 더 큰 행복을 느꼈다. 인간에 비해 짧은 생이지만 즐거운 추억으로 가득하고, 아름다운 장면을 많이 보고 느끼게 해주고 싶었다. 비록 그들이 이렇다 저렇다 자신들의 감정에 대해 조잘조잘 이야기할 수 없지만, 같은 곳에 함께 있는 그 시간이 너무나 벅찼다. 우리는 같은 풍경, 같은 기억, 같은 느낌을 나눴다. 때문에 시간이 허락할 때마다 강원도, 제주도, 서해, 동해 등 그들과 함께할 수 있는 곳으로 떠났다. 그런 나의 개 중에 한 친구가 페퍼다.

우리 스튜디오는 개를 데리고 출근할 수 있는 환경이다. 덕분에 4년 전부터 페퍼와 함께 출퇴근하고 있다. "다른 아이들도 있는데 왜 페퍼랑만 출근해?"라는 질문을 받곤 하는데, 사실 특별한 이유는 없다. 그저 페퍼가 차분한 성향이고, 다른 직원들이나 손님들에게 피해를 주지 않기 때문이다(다른 친구들의 활발함과 정신없음은 설명하지 않겠다!). 그렇게 페퍼는 아침에 눈을 뜨고 밤에 잠이 들 때까지 나와 거의 떨어지지 않는 생활을 했고, 우리는 눈빛과 작은 몸짓만으로도 서로가 원하는 바를 알아채는 사이가 되었다.

이렇게 서로를 완벽하게 이해한다는 생각이 들 때쯤, 유럽여행을 다녀

온 친구에게 '유럽은 어디를 가나 개와 함께해. 백화점, 레스토랑이나 카페, 지하철이나 기차에도 큰 개가 있는데 아무도 뭐라고 하거나 신경 쓰지 않아.'라는 이야기를 들었다. 진심으로 충격이었다. 그런 일이 현실에서 가능하다니.

한국에서 나름 '큰 개'의 범주에 드는 개들과 있다 보니 항상 사람들의 눈치를 보는 게 일상이었는데, 유럽은 완전 다른 세상이구나 싶었다. 그 놀람의 끝에 '나도 유럽에 가보고 싶다!'라는 생각이 싹텄다. 이렇게 출발한 마음이 페퍼와의 유럽여행을 계획하게 된 시작이다.

하지만 유럽여행을 다녀왔던 지인들에게 계획을 이야기하면 다들 고개를 절레절레 저었다. 말도 제대로 통하지 않고, 모든 것이 낯선 해외에서 페퍼까지 데리고 어떻게 여행을 하냐고 걱정과 부정적인 시선을 보냈다. 그런데도 나는 페퍼와 함께 도전해보고 싶었다. 이 여행은 페퍼와 함께이기에 의미가 있었다. 나와 함께 하는 여행 속에서 페퍼에게도 좋은 기억을 많이 만들어줄 수 있다고 믿었다. 내 삶에서 무엇과도 바꿀 수 없는 소중한 여행이 될 거란 확신도 들었다.

결국 우리는 떠났다. 페퍼와 함께! 둘이 함께하는 유럽으로!

INTRO

우리 떠날 수 있겠지?

STEP 1

여행 마인드 준비

"여행은 준비가 필요해!"

본격적인 여행 계획을 세우기 전, 제일 중요하게 생각했던 것은 페퍼의 컨디션이었다. 그다음은 여행하는 동안 서로에게 무리가 가지 않는 상황을 이어나가는 게 가능한지 냉정하게 판단해보는 것이었다. 일단 유럽을 가기 위해서는 10시간 이상 비행기를 타야 하며, 기내에 함께 탑승 가능한 소형 견과는 달리 중대형 견인 페퍼는 화물칸에 탑승해야 한다. 그렇기에 더더욱 페퍼가 갈 수 있는 환경인지에 대한 냉정한 판단이 중요했다.

나의 개들은 강아지 시절부터 켄넬 잠금 장치가 있는 전용 케이지 훈련이 되어있다. 내가 요구하면 들어가 얌전히 기다리고, 켄넬에서 아침까지 자는 것이 가능하다. 그들에게 켄넬은 갇히는 곳이 아니라 쉴 수 있는 공간이라는 인식이 있기 때문이다. 그리고 매해 3번 정도 갔던 제주도 여행 덕에 다수의 비행기 탑승 경험이 있는데, 그때마다 도착지에서 만난 페퍼는 다행히 항상 담담해 보였다. 반면 페퍼와 같이 켄넬 훈련이 된 다른 개 하이는 온 얼굴과 가슴에 비행 스트레스로 흘린 침이 흥건했다. 그 모습에 비행기를 타고 가는 하이와의 여행은 일찌감치 포기했다.

반려견과 해외여행을 계획하고 있다면 특히 중대형 견의 경우 일단 국내 여행을 많이 다녀보고, 그들의 성향을 파악하는 단계가 필요하다. 단순히 한두 번 콧바람을 쐬는 정도가 아니라 여행에서 생기는 많은 상황을 겪어봐야 도움이 된다. 비행기 역시 단거리 탑승을 여러 번 해보면서 비행에 적응할 수 있는지 확인하는 것이 중요하다. 또한 장거리 자동차 탑승, 낯선 숙소에서의 잠자리, 익숙하지 않은 환경 등을 함께 경험하는 시간이 필요하다. 그 과정을 통해 나의 개가 어떤 상황에서 크게 스트레스를 받는지 파악해야 한다.

이 부분은 다른 누구도 아닌, 그들의 가장 가까운 가족인 견주 스스로 판단해야 하는 문제다. 나 역시 그 시간을 통해 페퍼와 여행이 충분히 가능하고, 함께 떠날만한 가치가 있다는 확신을 얻었다. 페퍼는 차분하고 기본 매너 훈련이 잘 되어있다. 음식점이나 개들이 들어갈 수 없는 곳 밖에서 기다리라고 하면 내가 나올 때까지 얌전히 있고, 사람이 많은 곳에서도 당황하지 않고 차분히 내 옆을 지킨다. 리콜 훈련(오프리쉬 상태에서 멀리 있는 반려견의 이름을 부르면 즉시 견주에게 돌아오는 것)과 배변 훈련도 완벽하고 사람이나 다른 개를 향한 공격성도 없다. 어떠한 상황에서도 심하게 흥분하거나 과도하게 짖지 않는다. 강아지 때부터 나와 붙어 다니며 자연스럽게 습득하고, 교육된 것이다.

이렇게 체크 리스트에 모두 OK 표시를 했다면, 여행을 떠나겠다는 마인드 준비는 마친 셈이다. 이 과정을 통해 '개와 함께 해외여행을 가겠다. 그 시간은 분명 즐거울 것이다.'라는 자신감을 마음에 장착했다면 충분하다. 개와 함께 하는 해외여행이라는 큰 명제를 달성할 첫걸음을 시작한 것이고, 동시에 여행 준비의 절반을 완료한 것이다.

여행 마인드 준비

① 다양한 형태의 국내 여행을 즐기며, 낯선 환경에서 개의 상태를 체크한다.
② 비행기에 대한 거부감이 없는지 확인한다.
③ 타인에게 피해를 주지 않도록 리콜 훈련, 배변 훈련 등 기본 훈련을 한다.
④ 함께 해외여행을 떠나도 되겠다는 자신감을 장착한다.

STEP 2
여행 서류 준비

"검역 준비를 놓치면 안 돼"

페퍼가 타인에게 피해를 주는 개가 아니기 때문에 낯선 여행지에서의 상황은 그리 걱정되지 않았다. 다만, 나 혼자가 아니라 페퍼와 함께이기에 흔하게 얻을 수 있는 정보가 많지 않았고, 직접 해외 사이트를 검색하며 방대한 자료 조사를 해야 했다. 그렇기 때문에 충분한 시간을 가지고 여행을 준비하기로 했다.

가장 처음 시작한 것이 페퍼의 각종 서류를 챙기는 일이었다. 반려견과 해외로 출국하는 데 필요한 몇 가지 사전작업이 있다. 우선 마이크로 칩 내장 시술이 되어 있어야 한다. 더불어 광견병 항체검사를 통해 항체 유무를 확인한 후 증명서를 받아야 한다. 광견병 주사를 맞은 뒤 한 달이 지나면 항체검사를 할 수 있고, 결과를 받기까지 약 10일 정도 소요된다. 만약 항체검사 결과 정상수치 0.5IU/ml 이상가 나오지 않으면 광견병 주사를 다시 맞고, 같은 작업을 반복해야 한다. 이 때문에 반려견과 여행을 준비할 때 최소한 5-6개월의 여유 기간을 가지는 것이 좋다.

그다음은 입국 시 필요한 서류와 접종, 절차 등을 확인하는 것이다. 이는 나라별로 다르기 때문에 농림축산검역본부 www.qia.go.kr 또는 여행을 계획하고 있는 국가의 홈페이지, 관광청 홈페이지 등을 통해 확인해야 한다. 준비하면서 가장 신경 써야 하는 포인트는 계류 여부이다. 여행 기간보다 계류 기간이 길면 여행은커녕 계류장에서 모든 일정을 보내거나 돌아오는 비행기 일정을 미뤄야 하는 최악의 상황이 생길 수도 있다.

종합 백신 접종도 챙겨야 한다. 각 나라에서 요구하는 백신 접종 증명서들이 별도로 있으니 확인한 후 일정, 기한 등을 체크하고 접종을 진행하면 된다. 출국 전 건강 증명서까지 준비되면, 여행 국가 동물검역소에 입국 허가를 위한 메일을 보내야 한다. 같은 국가여도 도시별로 메일 주소가 다를 수 있으니 주의가 필요하다. 여행자 여권, 수입허가 요청서, 왕복 항공권, 반려동물 사진, 반려동물 품종 증명서 또는 건강 증명서, 백신 접종 증명서, 광견병 항체 검사 증명서를 잘 정리해

반려견 출국 서류 준비하기

① 반려견 마이크로칩 내장 여부를 확인한 후, 칩을 반드시 삽입한다.
② 여행 국가에서 필요로 하는 서류 목록을 확인한다.
③ 목록에 맞춰 각종 서류를 준비한다.
④ 여행 국가의 동물검역소에 입국 허가를 위한 메일을 발송한다.
⑤ 반려견의 입국 허가 서류를 받는다.
⑥ 준비한 서류를 들고 공항 동물, 식물 수출검역실에서 동물 검역 증명서를 발급받는다.

서 보내면 확인 후 입국허가서를 보내준다. 이렇게 받은 입국허가서는 출입국시 필요하기 때문에 항상 잘 챙겨야 한다. 준비한 모든 서류를 들고 출국 당일 인천공항 3층에 있는 동물, 식물 수출검역실을 방문해 동물 검역 증명서를 발급받으면 출국 준비를 완벽하게 끝낸 것이다. 비행 일정과 검역소의 근무 시간이 다를 수 있으니, 검역실의 근무 시간을 체크하는 것도 놓치지 말자.

반려동물 관련 서류를 준비할 때 나라마다 요구하는 규정이 다르고, 수시로 바뀌기 때문에 처음 해외여행을 계획한 견주라면 대행업체 또는 검역절차를 대행해주는 동물병원의 도움을 받는 것도 괜찮다. 물론 비용 면에서 개인적으로 준비하는 것보다 적게는 60만 원, 많게는 100만 원가량 더 들지만 해외에서 문제가 발생해 곤란한 상황에 처하거나 여행 자체를 망칠 수도 있다는 점을 생각하면 고려해볼 만하다. 한번 경험하고 나면 다음 여행은 직접 준비할 수 있겠다는 자신이 생긴다.

STEP 3

본격
여행 계획
수립

"기간, 비용, 일정 등 여행 계획을 자세하게 세운다"

여행 기간은 3주를 계획했다. 여행 기간이 짧으면 비행만으로 지쳐 의미 있는 여행을 만들기 어렵다고 생각했다. 유럽 내에서 이동은 비행기를 이용하지 않는다는 원칙도 세웠다. 이런 기준을 가지고 여행 국가를 선정했다. 계획은 프랑스 파리로 입국해서 스위스를 거쳐 이탈리아에서 출국하는 일정이었다. 영국도 후보지였으나 영국이나 일본 같이 광견병 비발생 국가, 특히 섬나라는 우리나라 같은 광견병 발생 국가 동물에 대한 검역이 까다롭고 입국절차도 복잡하기 때문에 제외했다. 또 하나의 이유는 영국과 프랑스 간 이동 수단으로 이용하는 유로스타에 개와 함께 탑승할 수 없기 때문이다(장애인 보조견이나 서비스 독은 이용할 수 있다). 이렇게 여행 국가를 확정해 큰 동선을 정리했으니, 다음은 세부계획을 세울 차례였다.

'과연 페퍼와 함께 여행 가는 날이 오기는 할까'라는 마음이 들 때마다 계획을 세웠다. 이곳저곳 둘러보다가 페퍼와 꼭 가고 싶은 곳이 생기면 장소에 대한 자료를 찾고, 리스트에 포함했다. 아쉽게도 '이곳은 개와 함께 갈 수 없네.'라는 결론이 나는 곳이 많아 자연스럽게 일정에서 제외되는 장소들도 늘어났다. 그럼에도 지역을 정하면 인스타그램 해시태그를 활용해 유명한 관광지나 여행지보다 그 지역에 사는 사람들이 개와 함께 산책하고, 개와 함께 시간을 보내는 장소들을 찾았고 어느새 파리-스위스-이탈리아 곳곳의 여행 리스트를 어느 정도 완성할 수 있었다.

파리의 경우 박물관, 성당 등 유명 관광지에 개와 함께 들어가는 것이 불가능하다. 덕분에 파리에서의 여행 장소는 유명 관광지보다 페퍼와 함께할 수 있고, 도시의 특색과 분위기를 즐길 수 있는 곳들로 결정했다. 세계적으로 유명한 루브르 박물관은 사람이 너무 많고, 공간도 넓어 하루에 다 둘러보는 것이 힘들다는 후기를 보니 굳이 욕심이 생기지 않았다. 한편 파리에서 유명한 튈트리 공원은 가고 싶은 곳이었는데 개와 함께 입장할 수 없어 아쉽게 리스트에서 제외했다.

여행 일정 세우기

① 가고 싶은 나라, 도시를 정한다.

② 구글 검색을 통해 개와 함께 여행이 가능한 나라와 도시인지 확인한다. (국가 입국 시 검역, 장소 입장 가능 여부 등)

③ 여행의 큰 이동 경로를 확정한다. 이동 시 이용하는 교통편도 정하자.

④ 각 나라에서의 여행 도시, 장소, 이동 방법을 정리하고 가능한 곳들은 예약까지 완료하면 좋다.

근교라기에는 거리가 좀 있지만 파리 여행 중 에트르타와 몽생미셸은 꼭 가보고 싶었다. 여러 투어 프로그램을 찾아봤는데, 거절의 연속이었다. 여럿이 함께 이동하기 때문에 페퍼에게 불편함을 느끼는 사람들이 있을까봐 걱정스럽다는 이유였다. 개와 여행을 준비하면서 느낀 점이라면, 거절이 일상이 된다는 것. 그래도 포기하거나 좌절하기보다 페퍼와 함께 즐거울 수 있는 다른 선택을 늘려가기 위해 노력했다. 그래야 행복한 여행이 가능하다고 믿었다. 이런 마음 덕분이었을까. 결과적으로 나와 페퍼는 몽생미셸과 에트르타에 갈 수 있었다.

스위스는 경관이 워낙 유명해 인터라켄에 머물면서 자연을 충분히 느끼기로 했다. 주로 기차를 타고 이동하는 것을 고려해 스위스 패스를 샀다. 가격이 조금 부담스러웠지만 기차 이동뿐 아니라 물가가 살인적이라는 스위스에서 여러 혜택을 누릴 수 있어 도움이 됐다. 스위스 패스를 활용해 교통수단을 무료 또는 할인된 가격으로 이용했다.

유럽은 기차를 탈 때 개들도 티켓을 사야 한다. 개들의 티켓 예약이나 구입은 미리 하는 것이 어려워 현지에서 알아보는 것으로 정했다. 이렇게 여행 국가, 여행 일정, 이동 수단까지 정하고 나니 여행이 정말 눈앞에 가까이 다가온 느낌이었다. 이제 정말 떠날 일만 남은 셈. 페퍼와 함께 하는 유럽이 어떤 모습일지 기대가 되기 시작했다.

STEP 4

숙소 확정

"우리가 함께 잠들 수 있는 곳은 중요하지!"

여행 준비를 하면서 대략의 경비를 계산해보니, 가장 큰 비용을 지출하는 부분이 바로 숙소였다. 호텔의 경우 1박에 약 10-15만 원 정도라고 가정하고, 물가가 비싼 스위스를 10만 원대 후반으로 잡으면 숙소 비용만 300만 원 가까이 발생한다. 일반적인 유럽여행이라면 민박, 호스텔 등 다른 숙소 유형도 고려할 수 있지만, 페퍼와 함께 하는 여행이기에 우선순위는 가격보다 개와 함께 묵을 수 있는지였다. 에어비앤비는 반려동물 동반이 가능한 곳들도 있었지만 원하는 위치, 원하는 가격을 맞추기 어려웠다. 또한 당일 호스트와 연락이 안 되거나 개와 이용하기 때문에 퇴실 후 다른 문제들이 발생하지 않을까 걱정도 됐다. 혼자 여행할 때와 다르게 돌발상황에 대처할 수 있는 선택의 폭이 좁은 여행이기 때문에 불안 요소를 만들고 싶지 않았다. 그래서 에어비앤비는 과감하게 패스!

마음 한쪽에서 호텔이 답이라는 생각이 피어났지만, 시도라도 해보겠다는 마음으로 여러 민박집에 메일을 보냈다. 파리와 스위스 인터라켄, 로마, 피렌체 등 2인실이 있는 민박집에 비용을 조금 더 지불하고 페퍼와 함께 이용할 수 있는지 물었다. 페퍼의 사진, 소개, 국내 여행을 하면서 게스트하우스를 경험했을 때의 이야기, 페퍼가 객실 안에서 지내는 사진까지 함께 첨부했다. 페퍼가 얼마나 괜찮은 개인지 한껏 어필하며 정성스럽게 메일을 쓰고, 문의 글을 등록한 후 떨리는 마음으로 답장을 기다렸다. 마치 대학교 합격 통지를 기다리는 마음이랄까. 떨려서 결과를 확인하기 전 크게 심호흡을 했을 정도였다.

안타깝게도 대부분 답은 "죄송하다"였다. 거절이 계속되니 '포기해야겠구나'라는 마음이 생겼다. 사실 가장 가고 싶었던 곳은 스위스 그린델발트에 있는, 스위스 할머니가 운영하는 숙소였다. 경치 때문에 유명한 곳이었는데 이곳도 페퍼와 함께 이용하는 것은 불가능했다. 할머니는 친절하게 자기가 아는 곳을 연결해주겠다고 했지만, 그곳은 동선이 맞지 않아 포기할 수밖에 없었다. 그렇게 수많은 거절 속에서도 파리와 스위스에서 한 곳

숙소 예약하기

① 동선에 맞는 지역에 원하는 숙소를 검색한다.

② 개와 함께 이용이 가능한 형태의 숙소들을 중심으로 정리한다.

반려동물 동반 가능 호텔을 검색할 수 있는 사이트
펫 프랜들리
www.petfriendlyhotels.com
브링피도
www.bringfido.com

③ 주인의 인정을 기대할 수 있는 민박집에 별도로 문의한다.

④ 호텔의 경우 개와 동반 이용이 가능한 곳들 중 규정 확인을 통해 선정한다.

⑤ 호텔 예약 시 별도로 개와 함께 이용한다는 사실을 미리 알리는 것이 좋다.

씩, 딱 2곳의 허락을 얻을 수 있었다. 허락 메일을 받고 얼마나 감탄했는지. 답을 준 내용도 거의 비슷했는데 "오래 민박을 운영했지만 이런 문의는 처음이라 좀 놀랐다. 그렇지만 강아지와 함께 만날 날이 기대된다."라는 따뜻한 반응이었다. 호텔을 이용할 때보다 숙박비가 저렴했고, 한식 중독자인 내가 아침으로 한식을 먹을 수 있다는 사실에 콧노래가 절로 나왔다. 이때까지만 해도 앞으로 다가올 고난은 예상도 못 한 채로!

이외의 일정에서는 호텔을 이용하는 것으로 결정했다. 가격을 조금 더 지불해도 호텔을 예약하는 것이 안전하고, 가장 현실적인 선택이었다. 호텔 검색 사이트에서 옵션으로 반려동물 동반 가능을 체크하고 검색을 했다. 그렇게 1차 리스트를 정한 후 반려동물에게 제대로 된 서비스를 제공하는 호텔을 찾기 시작했다. 마지막으로 여행 동선에 맞춰 페퍼와 함께 즐거운 밤을 보낼 수 있는 호텔들을 정했다.

호텔마다 규정이 다르기 때문에 예약할 때 내용을 반드시 확인해야 한다. 동반 가능한 곳 중에서도 10kg 미만의 개만 되거나 클리닝 비용을 따로 청구하는 등 호텔마다 지켜야 하는 규정이 다르다. 예약을 완료한 후에도 개와 함께 숙박할 것이라는 내용의 메일을 별도로 보내놓거나 따로 연락을 한 번씩 하는 것이 좋다. 모든 예약을 마무리하고 숙소 비용을 보며 잠깐 한숨이 나기도 했지만 '그래. 여행하면서 지쳤을 나와 페퍼의 몸과 마음을 쉬게 해줄 안락한 호텔이 좋지.'라고 생각하며 자신을 다독였다.

STEP 5
여행 짐 싸기

"진짜 떠나긴 하는구나!"

바쁜 일상을 하루하루 보내다 보니 오지 않을 것 같던 여행 일정이 다가왔다. 이제 본격적인 떠날 준비이자 마지막 준비인 짐을 싸야 한다. 어떤 것보다 중요한 검역 서류를 가장 먼저 챙기고, 하나씩 여행에 필요한 짐들을 싸기 시작했다. 가방에 담을수록 내 짐보다 페퍼의 짐이 훨씬 많아졌다.

28인치 캐리어가 꽉 찼다. 한쪽 손으로 이 커다란 캐리어를 끌고, 나머지 손으로 페퍼를 잡고 이동하는 게 슬슬 걱정됐지만, 일단 닥치면 어떻게든 될 거라는 근거 없는 자신감도 함께 피어났다. 캐리어의 반쪽은 페퍼 짐, 나머지 반쪽은 내 짐으로 꽉 채웠다. 내 짐이야 다들 여행 갈 때 챙기는 정도. 특별히 신중했던 것은 다시 오기 힘든 내 털북숭이 친구와의 소중한 시간을 기록할 카메라를 챙기는 일이었다. DSLR처럼 무거운 카메라보다 콤팩트한 사이즈의 카메라들을 준비했다. 욕심내서 액션 캠도 챙겼으나 막상 여행하면서 단 한 번도 꺼내지 않았다. 더 정확하게 표현하자면 꺼낼 수 없었다. 개와 둘이 가는 여행에 욕심이 과했던 셈. 소매치기에게 카메라나 휴대폰을 뺏기기 싫어 안전 링도 챙겼다(하지만 이것도 여행 첫날만 하고, 걸리적거려 빼버렸다). 유독 날씨가 더운 이탈리아에서는 가벼운 여름옷을 사 입기로 하고, 편한 옷 중심으로 딱 필요한 만큼만 넣었다.

내 짐은 최대한 줄이고 또 줄였지만, 페퍼한테 필요한 것들은 꼭 챙겼다. 일단, 먹던 사료는 소분해서 5봉지 정도 준비했다. 1봉지로 3끼 정도 먹일 수 있는 양이었다. 여행 가서 사료를 살 수도 있지만 먹던 브랜드의 사료가 없을 수도 있고, 갑작스럽게 사료가 바뀌면 설사를 하는 경우도 있으니 사료는 조금 챙겨가는 것이 좋다. 호수나 바다에서 수영할 때를 대비해 구명조끼도 챙겼다(페퍼는 수영을 잘하지만 혹시나 하는 걱정에). 비 오는 날 털이 젖어서 감기에 걸리지 않도록 완벽 방수를 해주는 올인원 형태의 우비와 애견 샴푸, 페퍼 전용 스포츠 타올 2개, 일반 타올 2개를 준비했다. 목줄 및 하네스도 잃어버리거나 망가질 것을 대비해서 종류별로 챙겼다(이름과 연락처가 적힌 목걸이와 함께). 산책할 때 필수인 배변 봉투와 이동식 밥그릇, 물그릇, 애견용 빗, 상처에 바를 약, 배변 패드, 페퍼가 좋아하는 장난감(물놀이용과 일반 장난감을 따로 챙겼다)도 챙겼다. 마지막으로 호텔 바우처와 여행 루트를 정리한 파일, 기차 예약표 등을 프린트하는 것으로 짐 싸기를 마쳤다.

떠나기 전까지 페퍼가 켄넬이라는 공간을 더 편하게 느끼도록 밥도 그 안에서 먹게 하고, 이동하거나 잠을 잘 때도 그 안에서 생활하도록 유도했다. 페퍼에게는 평소 해왔던 훈련이지만, 켄넬에 익숙하지 않은 친구들에게는 꼭 필요한 단계이다. '하우스'라는 명령어를 들으면 곧장 켄넬로 들어가고, 잠금 장치를 걸어 문을 닫아도 겁을 먹지 않도록 계속해서 반복 훈련을 해야 한다.

훈련이 되어있는 페퍼는 컨넬에 들어가도 꺼내달라는 행동을 취하지 않는다. 개들과 여러 번 여행하면서 느낀 가장 중요한 점은 내가 미리 준비해야 한다는 것이다. 일어날 모든 상황에 대비하고, 그들에게 필요한 교육을 해야 개와 함께 하는 여행에서 서로 힘들지 않을 수 있다.

마지막 여행 준비, 짐 싸기

① 여행 가방에 자신을 위한 짐은 최소한으로 준비한다.

② 털북숭이 여행 파트너를 위한 준비물은 최대한 꼼꼼하게 준비한다.(먹던 사료, 사용하던 용품 등은 적응 기간에 이용할 수 있을 만큼만이라도 챙기는 것이 좋다.)

③ 켄넬에서 생활하기, 기다리기 등 기본적인 훈련을 통해 여행지에서의 상황에 익숙해질 수 있게 한다.

PART 1

일단 파리에 도착은 했는데…!

01

유럽으로 출발!

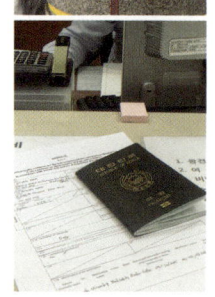

드디어 그날이 왔다. 파리행 비행기에 올라야 하는 날, 털북숭이 친구와 함께 유럽 여행 첫걸음을 내딛는 날 아침이 밝았다. 사실 당일까지도 실감이 나지 않아 오히려 무덤덤한 마음이었다. 특별히 예약할 필요는 없었지만 대기 인원이 많을 수 있고, 다른 변수가 생길 수 있어 공항에 여유롭게 도착했다. 그리고 바로 3층에 있는 동식물 검역소로 향했다.

검역소에서 사전에 준비한 서류를 보여주고 검역확인서 2장을 받았다. 발급비는 만원. 한 장은 원본이고, 나머지 한 장은 사본이었다. 두 장 모두 한국에 돌아올 때까지 반드시 보관해야 한다. 마이크로 칩이 잘 내장되어 있는지 기계로 인식하는 것까지 마치면 출국 준비 완료. 서류 준비만 잘 되어 있으면 간단하게 끝낼 수 있다.

검역확인서까지 받고 나면 본격적으로 탑승 수속을 진행할 차례. 짐을 부치면서 페퍼의 운송비용 40만 원왕복기준을 따로 결제했다. 페퍼는 아침부터 공복 상태를 유지하게 하고, 물도 최소한만 마시도록 했다. 개는 장거리 이동을 할 때 공복 상태인 것이 더 좋다. 이동 중에 배변 욕구가 생기면 더 괴로울 테니까. 공항 주변을 산책하며 탑승 전 마지막으로 대소변을 해결하고, 최대한 기분 좋은 상태를 유지할 수 있게 했다. 함께 있을 수 있는 만큼 최대한 많은 시간을 보내다가 페퍼를 직원에게 인도했다. 다행히도 페퍼의 컨디션은 최고 상태!

"페퍼, 우리 유럽에서 만나자!"

BONUS TIP

반려동물의 비행기 탑승 기준은?

‖ 기내 탑승 조건 ‖

① 반려동물이 기내에 탑승하는 경우 조건에 맞는 이동장에 넣어 좌석 밑에 보관해야 한다. 단, 같은 비행기에 탑승한 승객 중 누구라도 알레르기 등으로 항의하면 다른 항공편을 알아봐야 한다.

② 생후 8주가 지난 개, 고양이, 새를 기내 탑승이 가능한 반려동물로 규정하고 있다. 탑승객 1인당 기내 반입이 가능한 반려동물의 수는 한 마리, 위탁수화물로는 두 마리로 한정돼 있다.

③ 이동장의 가로, 세로, 높이의 합은 115cm 미만이어야 하며 천이나 가죽, 플라스틱 등 이동장의 재질은 항공사마다 다르게 규정되어 있다. 또한 동물과 이동장 무게의 합은 5Kg 미만이어야 한다(아시아나 항공사를 비롯해 최근 몇곳의 항공사는 7kg으로 기준이 변경되었다).

④ 애완동물에게 약물을 사용한 경우, 불안정하고 공격적인 동물, 악취가 심하거나 건강하지 않은 동물, 수태한 암컷, 농림축산식품부령 동물보호법 시행규칙에 명시된 맹견류 및 공격 성향을 보이는 반려동물, 아메리칸 핏불 테리어, 아메리칸 스태퍼드셔 테리어, 스태퍼드셔 불 테리어, 로트와일러와 그 잡종의 개는 탑승할 수 없다.

‖ 수하물 탑승 조건 ‖

① 기내 반입 조건에 맞지 않는 중대형 반려동물은 수하물로 데려갈 수 있다. 공항에서 체크인할 때 짐을 부치는 것처럼 반려동물을 탑승시킬 수 있다. 도착지에서는 수하물 벨트에서 반려동물을 찾을 수 있다.

② 수하물 이동장은 IATA에서 규정한 것을 사용해야 한다. 천과 가죽 등 부드러운 재질의 이동장은 사용이 불가능하다.

③ 반려동물은 비행기 내부 중 꼬리 부분에 탑승하게 되며 해당 칸은 온도, 기압 조절 또는 환풍이 가능해 운송에는 지장이 없다. 단 예외적으로 승객의 짐이 많을 시기인 크리스마스와 여름 휴가 시즌에는 탑승이 일시적으로 제한될 수 있다.

④ 호주, 뉴질랜드, 남아프리카공화국, 영국, 아랍에미리트 등 몇몇 나라는 기내 반입 또는 수하물로 반려동물을 들여올 수 없도록 규정하고 있다.

‖ 반려동물 운송 비용 ‖

① 거리 구분 기준(한국 출발)
- 단거리 노선 : 일본, 중국, 홍콩, 대만, 마카오, 몽골행
- 중거리 노선 : 동남아시아, 서남아시아행
- 장거리 노선 : 미주, 유럽, 중동, 대양주, 아프리카행

② 반려동물 탑승 요금 대한항공 기준

반려동물 무게	국내선	국제선
5kg 이하	기내 반입 가능한 반려동물 : 2만원	
32kg 이하	수하물 칸 이용 반려동물 : 3만원	단거리 노선 : 10만원 중거리 노선 : 15만원 장거리 노선 : 20만원
32kg-45kg 이하	수하물 칸 이용 반려동물 : 6만원	단거리 노선 : 20만원 중거리 노선 : 30만원 장거리 노선 : 40만원

③ 애완동물 운송 비용은 비즈니스 또는 퍼스트 클래스 등에 전혀 영향 받지 않으며, 마일리지와도 무관하다. 체크인 시 반려동물의 항공운송료를 지불해야 하며, 금액은 항공사마다 다르기 때문에 이용하는 항공사에 확인해야 한다.

36

02 우리 정말 파리에 도착한 거니?

봐도 봐도 낯설지 않고 설레기만 한 비행기 밖 풍경을 보다 잠이 들기도 하고 승무원들이 주는 밥을 먹다가 '페퍼는 괜찮으려나' 걱정도 하니 어느새 비행기는 파리 공항에 착륙하고 있었다.

'진짜 파리인 건가?'

실감이 나지 않았다. 어리둥절한 채로 비행기에서 내려 짐을 찾으러 갔다. '페퍼는 어디 있지?'라는 생각을 하며 입국 도장을 찍는 장소 앞에 섰다. 나름 긴장하며 여권을 내밀었는데 상대방은 쿨하게 도장만 찍어줄 뿐, 아무것도 물어보지 않았다. 순간 '뭐지? 내가 열심히 준비한 검역 서류는 필요 없는 건가?' 싶은 마음이 들어 슬며시 억울해졌다.

그런 마음도 잠시, 짐 가방은 이미 나왔는데 여전히 페퍼가 보이지 않았다. '페퍼는 어디 있지?'라는 생각이 머릿속에서 떠나지 않았다. 계속 두리번두리번 거리면서 기다렸지만 여전히 페퍼의 얼굴은 어디에서도 찾을 수 없었다. 순간 괜히 불안한 마음에 공항 직원에게 다가갔다. '프랑스어로 개가 뭐더라?'라는 질문이 스쳐 갔지만 도통 알 수 없어 에라 모르겠다는 마음으로 대뜸 휴대폰 배경화면에 있는 페퍼 사진을 보여주었다. 직원은 '뭐 어쩌라고'하는 표정으로 나를 바라보며 "응. 그래. 귀엽네." 정도의 느낌이 드는 말을 했다. 내가 원한 게 이런 반응은 아니었는데…. 생각해보니 이 직원에게 내가 이상한 사람으로 보였을 것 같다. 갑자기 다가와서 우리 개가 예쁘지 않냐며 자랑한 사람이 된 셈이니. 좀 더 적극적인 의사소통을 해야겠다는 생각이 들었다. 페퍼 사진을 화면에 띄워놓고 손가락으로 페퍼 사진 한 번, 나 한 번 왔다 갔다 가리켰다. 그러니까 알아들은 것처럼 웃으며 "아- 강아지는 저쪽에서 기다리면 나올 거야."라는 듯 손가락으로 한 곳을 알려 주었다.

사실 그녀가 알려준 곳이 어디인지 확실히 몰랐지만 일단 아는 척 손가락이 향하는 방향으로 걸어갔다. 그리고 그녀가 가리켰다고 생각되는 어딘가에 서서 페퍼를 기다렸다. 직원은 그런 나를 보다 답답했는지, 다가와 내 손을 잡고 페퍼를 기다려야 하는 곳으로 직접 데려다주었다. "미안합니다. 나도 처음이라서요."라고 말하고 싶었지만, 그만두었다. 어차피 전해질 수 없으니까. 대신 미안한 표정을 살짝 지어 보였다.

친절한 직원의 도움으로 찾은 대기 장소는 사각형 모양으로 테이핑이 되어 있었다. 그 사각형 안에 들어가 기다리고 있으니 마치 'TV는 사랑을 싣고' 출연자가 된 기분이었다. 머릿속에서는 여전히 '페퍼는 어디 있지?'라는 생각이 떠나지 않았다. 두리번두리번 거리며 기다리는 시간이 얼마간 지나고, 드디어 저 멀리서 페퍼를 데리고 다가오는 직원의 모습이 보였다. 세상에 페퍼야! 이산가족 상봉하듯 페퍼를 부르며 달려갔다. 긴 시간 홀로 비행했을 페퍼의 상태를 먼저 살폈다. 딱히 스트레스를 크게 받은 흔적이나 표정 없이 나보다 더 담담한 모습이었다. 더위를 많이 타는 페퍼를 위해 담요 대신 얇은 패드를 몇 겹 깔아주었는데 그것마저 더웠는지 한쪽에 치워놓은 것을 보니, 평소의 페퍼 같다고 느껴져서 안심이 됐다. 켄넬에서 꺼내주고 한바탕 뽀뽀와 포옹 시간을 가졌다. 그리고는 페퍼와 공항을 나와서 서 있는데 주위에서 들리는 낯선 언어와 냄새, 다른 외모의 사람들 모습이 한 번에 확 느껴졌다.

"페퍼야!
우리 정말
파리에 함께 있는 거니?"

03

낯선 나라와의 첫 만남

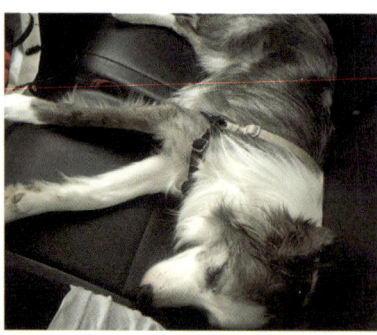 

페퍼를 만났고, 짐도 찾았으니 본격적으로 여행을 시작할 시간이었다. 그 전에 서울에서부터 고민하던 한 가지를 처리해야 했다. 바로 페퍼의 케이지. 28인치 캐리어와 커다란 케이지까지 들고 이동하는 것은 거의 불가능에 가까웠다. 가져간 케이지는 버리고, 서울로 돌아오기 전 새로 사는 것으로 마음을 정했다. 개를 많이 키우는 유럽에 케이지 파는 곳이 없겠는가. 페퍼를 데리고 온 직원에게 "이 케이지는 필요 없어요. 버리고 싶어요."라고 말하고 케이지를 두고 나왔다. 이후 케이지의 운명은 알 수 없다.

공항 출입문 앞에 섰다. 한 손에는 캐리어, 나머지 손으로 페퍼를 잡고 있으니 도저히 대중교통을 이용해 시내까지 가는 것은 불가능했다. 사실 자신이 없었다. 결국, 택시를 이용해서 첫 번째 숙소로 이동하기로 했다. 한국이라면 케이지조차 없는 큰 개와 택시를 타는 것은 상상할 수 없기 때문에 조금 떨리는 마음으로 택시정거장으로 향했다. 쭈뼛쭈뼛 페퍼와 눈치를 보면서 택시 기사 아저씨를 쳐다보는데 아저씨는 별로 특별한 일이 아니라는 듯 내 짐 가방을 트렁크에 실어주었다. 우리는 택시를 탔고, 아주 편안하게 시내를 향해 달려가기 시작했다. 이때부터 신세계. '이곳은 유럽이군.'이라는 말을 온몸으로 실감할 수 있는 순간이었다.

차를 타고 얼마나 달렸을까. 직감적으로 숙소에 가까워진다는 느낌이 들었다. 점점 눈에 익은 파리의 모습들이 내 앞에 보이기 시작했다. 관광객으로 보이는 사람들과 인파들도 급격하게 많아졌다. 점차 이곳이 파리라는 사실이, 내가 페퍼와 함께 유럽에서 가장 유명한 도시 중 한 곳에 있다는 사실이 실감 나기 시작했다. 약간 황홀한 느낌으로 창밖 풍경을 바라보는데 갑자기 에펠탑의 모습이 눈앞에 나타났다.

'아! 정말 파리에 와버렸구나! 너와…'

그 순간의 감동은 하나의 장면으로 내 머릿속에 남아있다. 워낙 크게 자리 잡고 있어 죽을 때까지 잊을 수 없을 정도이다. 그렇게 파리와 첫인사를 건네며 숙소에 도착했다. 택시에서 내리니 더 어리둥절했다. 여전히 눈에 보이는 에펠탑은 상상했던 것보다 훨씬 압도적이었다. 낭만적인 파리를 상징하는 조형물은 단순한 철 덩어리가 아니라 매력적인 생명체 같았다. 짐을 풀면 바로 달려가겠다는 마음으로 숙소 직원에게 연락했다. 직원은 친절한 목소리로 내려갈 테니 올라오지 말고 밑에서 기다리라는 안내를 했다. '짐을 함께 옮겨주려나? 친절하기도 해라.'라고 생각하며 직원을 기다렸다.

민박집 직원과 기분 좋게 인사를 하고 숙소로 들어가려는데 그녀의 입에서 나온 첫 번째 말은 "정말 죄송한데요…"였다. 순간 심상치 않은 일이 생겼음을 느꼈다. 그녀는 "정말 죄송한데, 파리에 홍수가 나서 비행기를 놓친 부부가 아직 방에 계시는데 오늘 하루만 다른 호텔에서 묵으실 수 있을까요? 호텔은 저희가 예약해 드릴게요."라고 이야기를 이어갔다.

갑작스러운 일에 불쾌한 기분이 먼저 들었다. 도착하자마자 이 무슨 삐걱거림이지? 일단 그 방은 오늘부터 내가 예약한 방이고, 그들은 그것에 대한 약속을 지켜야 했다. 만약 부부가 비행기를 놓쳤다면, 그들이 다른 호텔을 잡아야 하는 것 아닌가? 이런 생각 끝에 우선 그들의 제안을 거절했다. 새로 예약해준다는 호텔이 어떤 곳인지도 모르고, 오늘부터 내가 예약한 것이 맞으니 그분들이 다른 호텔을 잡는 것이 맞지 않냐고 이야기

BONUS TIP 02
반려동물과 호텔을 사용할 때의 에티켓

- 방 안을 지나치게 어지르지 않도록 관리가 필요하다. 집에서는 괜찮던 반려동물도 낯선 곳에 오면 새로운 행동을 보일 수 있으니 적응하는 시간 동안 물건을 물어뜯거나 영역표시, 배변 등을 하는지 주의를 가지고 지켜봐야 한다.
- 반려동물의 뒤 처리와 청결 유지는 견주의 필수 의무이다.
- 호텔 방에 반려동물을 혼자 두어야 하는 상황이 생겼다면 반드시 방문에 'Do not disturb' 사인을 걸어두자. 그렇지 않으면 다른 여행자 혹은 호텔 직원이 놀랄 수 있고, 반대로 반려동물이 스트레스를 받을 수도 있다. 위급 상황에 대비할 수 있도록 연락처를 남겨두는 것도 절대 잊으면 안 된다. 그러나 반려동물 혼자 방 안에 두는 일은 없도록 하는 것이 여러 부분에서 안전하다.

했다. 직원은 곤란한 표정으로 사장에게 전화를 했고, 사장과 통화를 해달라고 했다. 중년의 여사장은 살가운 말투로 좋은 호텔을 예약했으니 자신을 봐서 하루만 그곳에 묵어달라고, 내일 아침 직원이 픽업을 가겠다고 다시 부탁 아닌 부탁을 했다. 이미 이들에게는 한가지 답만 있는 느낌이었다.

처음에는 도착하자마자 생각했던 대로 일이 풀리지 않아 기분이 상하고 화가 좀 났다. 그러나 살가운 말투, 정중한 부탁을 재차 받고 나니 조금 누그러진 마음으로 다시 생각해 볼 여유가 생겼다. 황당한 일이긴 하지만 이 이상 시간을 흘려보내거나 이들과 싸우고 싶지 않았다. 여행의 첫날을 이렇게 보낼 수는 없었다.

결국 그들의 제안을 받아들였고, 직원은 나를 호텔로 데려다주었다. 애견 동반이 가능한 호텔이었는데, 페퍼와 입실하는 것까지 도와줬다. 방은 작지만 깔끔하고, 예쁜 창문과 창을 통해 보이는 파리 풍경이 특히 아름다운 호텔이었다. 자칫하면 엉망이 될 뻔했던 여행 첫날의 기분이 다시 설레기 시작했다.

04

파리라는 새로운 세상

파리 여행의 첫 장소는 무조건 에펠탑이었다. 짐을 빠르게 정리하고 페퍼와 함께 에펠탑으로 향했다. 길눈이 밝아서 오는 길에 보았던 길을 머리 속에 그려놓았다. 숙소에서 충분히 걸어갈 수 있는 거리였기에 페퍼와 함께 파리를 느끼며 걷기 시작했다. 주변에 보이는 건물들, 그림과 잡다한 소품을 파는 사람들, 조금은 더러운 길거리마저 나를 행복하게 했다. 여전히 잘 믿어지지 않았다.

"페퍼, 우리 지금 파리야! 너도 이곳을 느끼고 있지?"

길을 걷는 내내 페퍼에게 예쁘다는 말을 건네는 파리 사람들을 만났다. 아마도 페퍼의 외모가 유럽에서 통하는 스타일인 모양이다. 한국에서도 예쁘다는 말을 듣긴 했지만, 제일 흔하게 듣는 말은 "늑대다! 여우다! 큰 개다! 무섭다!"였다. 그런데 파리에서는 조금 달랐다. 나를 따라 조용히 길을 걷는 페퍼를 흐뭇한 미소로 대하고 나에게 가벼운 눈인사를 건네며 지나가는 사람들이 많았다. 페퍼가 아무리 마음에 들어도 먼저 만지지 않았고, 페퍼 앞에서 소리를 지르거나 과한 행동을 하지 않았다. 페퍼를 만지기 전 반드시 "개를 쓰다듬어 봐도 괜찮아?"라고 나에게 의사를 물어봤고, 동의를 얻고 난 후에야 페퍼를 만졌다. 심지어 페퍼의 사진을 찍을 때도 미리 물어봤다. 페퍼에게 어떤 행동을 취하기 전 반려인에게 의사를 묻고, 페퍼 앞에서 과한 행동을 하지 않아 놀라는 일을 사전에 방지하는 것이 그들의 배려였다. 개도, 견주도 존중받는 문화를 경험하며 부럽다는 생각이 절로 들었다.

여행을 떠나기 전, 가장 많이 들었던 말은 '소매치기 조심해', '사기꾼 조심해' 등이었다. 그러나 파리의 낯선 거리를 걸으며 그런 걱정은 크게 와닿지 않았다. 어느 정도 경계심은 당연히 있었지만, 그저 작은 긴장일 뿐 거리를 걷는 내내 설렘이 훨씬 컸다. 그렇게 얼마간 걷고 나니 눈앞에 어린 시절부터 사진으로만 보던 에펠탑이 보였다. 아니, 보였다기보다 가득 찼다는 표현이 더 정확할 것이다. 낯선 골목 끝에서 빼꼼 고개를 내민 에펠탑은 상상했던 것보다 훨씬 웅장했다. 그 모습에 놀라 한동안 멍하니 서 있다가 번뜩 정신을 차리고 사진을 찍으며 마음껏 감탄했다. '에펠탑을 페퍼와 함께 보고 있다니!'라는 생각이 계속 머리를 울렸다.

에펠탑 근처로 다가갈수록 사람도 늘어났다. 한창 2016 유럽 축구 선수권 대회가 열리고 있어, 주변은 축구 열기로 가득했다. 그 열기를 증명하듯 에펠탑에도 거대한 축구공 하나가 매달려 있었다. 에펠탑 아래 잔디밭 곳곳에서 각자만의 시간을 보내는 사람들 곁에 자리를 잡고 페퍼가 좋아하는 장난감을 꺼내 놀아주었다. 한국 동네 공원에서도 페퍼와 원반 놀이를 하면 주변에 있던 사람들이 우리 가까이 모이곤 했는데, 그 법칙은 파리에서도 동일하게 작용했다. 주변에 사람이 계속 모여드니, 마치 페퍼와 내가 원반 쇼를 하는 느낌이었다. 원반을 잡으면 손뼉을 쳐주고, 원반을 잘 던지지 못해서 페퍼가 놓치면 여기저기에서 아쉬운 탄식이 흘러나왔다. 나는 원래 원반을 잘 던지지 못하기 때문에 그들의 기대에 부응하지 못하는 것이 괜히 부끄러워져 어쩔 줄 모르는 기분이 들었다. 오늘 처음 만난 이들을 실망시키고 싶지 않아 그곳에 더 있지 못하고 자리를 떠날 수밖에 없었다.

53

05 개도 편하게 탈 수 있는 파리 지하철

우리의 다음 목적지는 루브르 박물관! 내부는 페퍼와 들어갈 수 없어 과감하게 패스했지만, 너무 멋진 외관이 궁금했고 근처 정원에 꼭 가보고 싶었다. 더욱이 파리 사람들이 '개 모임'을 하는 장소가 루브르 박물관 잔디라고 해서 더욱 호기심이 생겼다. 루브르 박물관 정원이 동네 공원인 복 받은 개들도 만나고, 페퍼에게 그 복을 경험하게 해주고 싶어 걸음이 빨라졌다.

에펠탑 앞에서 루브르로 가기 위해서는 지하철을 타야 했다. 처음 경험하는 파리 지하철에 마음이 두근두근했다. 마치 지하철을 태어나서 처음 타는 사람처럼, 표를 사는 것부터 왜 이렇게 떨리던지. 더불어 한국에서는 상상도 할 수 없던 일이 가능하니 더 기대됐다. 페퍼가 목줄만 하고 자기 발로 걸어서 지하철을 함께 타는 경험이라니, 솔직히 잘 믿어지지 않았다. 주변에서는 아무도 우리를 신경 쓰지 않았는데 괜히 나 혼자 눈치를 보기 바빴다. 역으로 들어가는 길이 왜 이리 멀게 느껴지는지. 다행스럽게도 사람들은 페퍼를 귀엽다는 표정으로 쳐다보았다. 파리에 비가 온 탓에 페퍼가 우비를 입고 있어서 더욱 시선이 집중되었다.

페퍼를 향한 다정한 눈길을 느끼며 지하철을 기다리는데, 핸드폰을 든 남성이 조심스럽게 다가와 사진을 찍어도 되는지 물었다. 기분 좋게 승낙하고, 직업병이 발동해서 남자 뒤에서 페퍼가 카메라를 볼 수 있게 온갖 해괴한 소리까지 내주었다. 만족한 외국 사람의 얼굴을 보니 나까지 뿌듯해졌다. '큰 개와 함께 지하철을 타도 사람들이 불편하게 생각하지 않는구나' 싶어 신기하고 부러운 감정이 이어졌다.

BONUS TIP 03 파리에서 개와 함께
대중교통을 이용하려면?

● 유럽에서는 반려견과 함께 대중교통을 이용할 수 있다. 기차를 제외한 지하철이나 버스는 개들이 따로 내야 하는 요금이 없으며, 중대형 견의 경우 입마개나 목줄을 착용하고 함께 탑승할 수 있다. 기차는 케이지에 들어가는 작은 개의 경우 요금이 무료이고, 이외의 중대형 견은 입마개와 목줄을 착용하고 기차 이등석 반값의 가격을 지불 후 함께 탑승이 가능하다.

파리의 지하철은 낡고 좁았지만, 그 안에는 나름의 낭만이 있었다. 악기를 연주하는 이들의 음악 소리가 들려오고 서로를 사랑하는 연인의 애정 가득한 눈빛이 있었다. 이 낯선 공간에 너무도 사랑하는 나의 친구와 함께 있다는 사실만으로도 가슴이 벅찼다. 절로 '참 좋다'라는 생각이 들 만큼.

이후에도 파리에서 여러 번 지하철을 탔는데, 그때마다 놀랄 일이 하나씩 생겼다. 특히 기억에 남는 것은 거대한 개 친구를 만난 일이었다. 13kg 정도 나가는 페퍼는 한국에서 큰 개의 범주에 들어간다. 사람들은 페퍼를 보고 큰 개라고 이야기하며, 때로는 크기와 덩치 때문에 무섭다고도 한다. 그러나 이곳 파리에서 페퍼는 아담한 개였다. 누구도 무섭거나 두려운 눈빛으로 페퍼를 보지 않았다. 하루는 지하철에 타고 있는데 50kg 정도 나가는 개 친구를 만났다. 송아지만한 그 친구는 다른 사람들을 위해 입마개를 하고 있었지만, 그 외에 다른 장치는 없었다. 지하철 안에 어느 누구도 그 개에게 불편한 시선을 보내거나 지하철에 탑승한 것에 대해 불만을 표시하지 않았다.

그것만으로도 나에게는 새로운 경험이었다. '개들을 함께 살아가는 존재로 인정하는 느낌이랄까. 물론 파리에도 개를 싫어하는 사람이 살고 있을 것이다. 그러나 누구도 자신이 싫다는 이유로 생명과의 공존을 거부하지는 않는 것 같았다. 파리 지하철 안에서 개를 대하는 그들의 모습을 보며 공존이라는 의미를 한 번 더 생각해 보았다.

58

06 개들이 자유로운 루브르의 정원

　루브르 역에 도착해서 지하철 밖으로 나오니 바로 박물관 입구가 보였다. 일상에 깊이 스며든 눈치 본능이 어김없이 발휘된 탓에 한동안 많은 관광객들이 오가는 입구 근처를 서성이며 입장을 망설였다. 물론 루브르 박물관 내부에 들어갈 생각은 없었다. 당연히 들어갈 수 없다는 것도 알고 있었고. 그럼에도 '근처만 돌아볼 건데 개와 함께 박물관에 들어갈 거라고 오해해서 막아서면 어떻게 하지?'라는 생각에 괜히 입구로 향하는 것이 눈치가 보이고 망설여졌다. 그때 나에게 한 줄기 빛처럼 나타난 할머니. 그녀는 멋진 개와 함께 성큼 걸어와 박물관 입구를 당당하게 지나갔다. 그 모습을 보면서 나 역시 고민을 멈추고 페퍼와 함께 직진!

　웅장하게 자리하고 있는 루브르 박물관의 외관과 유명한 피라미드를 마주했다. 세계의 수많은 사람들이 포토존으로 활용하는 곳이니, 우리도 이곳에 왔음을 증명하는 사진을 남기기로 했다. 페퍼를 피라미드 앞에 앉혀 놓고 사진을 찍어주는데, 내 뒤로 사람들이 점점 늘어났다. 워낙 어렸을 때부터 사진을 찍어줬기 때문에 페퍼는 카메라를 들고 있는 나를 가만히 바라보고, 포즈를 잡듯 그 자리에 앉아있는다. 그 모습이 신기해서인지, 귀여워서인지 내 주변으로 카메라를 든 사람들이 모여들어 덩달아 페퍼의 사진을 찍기 시작했다. 여기서 끝이 아니었다. 갑자기 페퍼 옆으로 줄을 서더니 준비된 포토존인 것처럼 차례대로 페퍼 옆에 앉아 사진을 찍는 것이 아닌가.

　이런 상황이 난감했다. 페퍼를 데려가면 줄을 서 있는 이들의 흥을 단번에 깨버리는 사람이 될 텐데. 한편으로는 주변에서 어떤 상황이 벌어지든 가만히 자기 자리를 지키고 앉아 세계 각국의 사람들과 사진을 찍어주

는 페퍼의 모습이 재밌기도 했다. 다시 만날 수도, 기억할 수도 없지만 세계 각국에서 우리와 같이 설레는 마음을 가지고 파리를 찾았다는 공통점을 가진 사람들. 오랜 시간이 지나 그들이 파리 여행의 추억을 떠올릴 때 그 기억의 한편에 페퍼가 있을 거라고 생각하니 말로 설명할 수 없는 미묘한 감정이 들었다.

그들에게 조금 더 포토 타임을 선물한 뒤 우리는 박물관을 지나 정원 쪽으로 향했다. 길가에서 나와 페퍼의 물을 사려는데 상인이 뭔가 눈치를 챘는지, 나에게 물을 건네고 페퍼에게는 본인이 마시던 물을 주기 시작했다. 그때 저 멀리에서 개 한 마리가 달려오더니 페퍼가 먹는 물을 같이 먹는 게 아닌가. 아마도 목이 많이 탔던 모양이었다. 주변에 있던 사람들은 예상치 못한 광경에 큰 웃음을 지었다. 두 마리 개가 충분히 물을 마신 후 고마운 상인과 기분 좋게 인사를 나누고 목적지로 다시 발걸음을 옮겼다.

처음부터 꼭 와야겠다고 생각했던 루브르 정원에 도착하자마자 이곳이 개 모임 장소가 분명하다는 확신이 들었다. 멋지게 펼쳐진 잔디밭에서는 이미 개들이 뛰어놀고 있었다. 파리의 견주들이 페퍼를 보자 인사를 건넸다. 새로운 개의 등장에 다른 개들도 몰려와서 페퍼와 코를 맞대고 킁킁거리며 인사를 나눴다. 유럽에 사는 개들이라 그런지 유럽 스타일을 잔뜩 뽐내는 외모가 인상적이었다. 물론 공을 차지하고 싶어서 다투고, 달리는 게 좋아서 더 흥겨워지는 개들의 행동은 영락없이 만국 공통이었지만. 루브르 박물관 앞 잔디가 동네 공원이고 목줄을 하지 않아도 마음껏 뛰어놀 수 있다니. 새삼 부럽다는 생각이 들었다.

　그때 멋진 모습의 파리지앵이 말을 걸어왔다. 불어를 하나도 못하는 나는 만국공통어인 보디랭귀지에 의존하며 그녀의 표정과 제스처를 살피는 데 온 신경을 집중했다. 이번에도 눈치 본능이 작용했다. 그녀가 이야기하는 의미를 추측하면 어떤 견종인지, 이름이 무엇인지 등의 질문인 것 같아 간단하게 답을 전했다. 민망할 때 필수적인 웃음과 함께.

　나의 민망한 시간이 흐르는 동안 페퍼는 파리의 추억을 가득 만들고 있었다. 파리의 개 친구들과 어떤 이야기를 나눴었는지 상상하다 괜히 파리 견주들과의 대화가 떠올라 웃음이 나왔다. 언어가 통하지는 않았지만 친절했던 그들의 모습과 자유로워 보이는 개들이 오래 기억에 남을 것만 같다. 마지막으로 페퍼와 파리의 정원을 한 바퀴 둘러보며 우리만의 추억까지 남기고 숙소로 발길을 돌렸다.

63

07 조명을 밝힌 에펠탑의 야경

해가 져서 어둑어둑해진 에펠탑 주변에서 페퍼와 가볍게 산책을 즐겼다. 에펠탑 주변에는 많은 관광객이 에펠탑에 불이 들어오는 순간을 설레는 마음으로 기다리며 비슷한 표정을 짓고 있었다. 아마 내 표정도 저렇겠지? 에펠탑 조명이 들어오는 정확한 시간을 몰랐던 탓에 걷다가 휙 돌아보고, 다시 걷다가 휙 돌아보고를 반복했다. 그러나 몇 번을 돌아봐도 에펠탑 조명은 소식이 없었고, 페퍼와 나는 에펠탑이 한눈에 보이는 공원 벤치에 자리를 잡았다.

그때 한 소년이 말을 걸며, 에펠탑은 10시에 조명이 밝혀진다고 알려주었다. 십오 분 남짓 남은 시간 동안 우리는 각자에 대한 이야기를 나누었다. 그는 폴란드 출신으로 아버지와 함께 매년 여름, 파리로 여행을 온다고 했다. 에펠탑 근처에서 사진을 찍던 그의 아버지도 우리 쪽으로 다가와 인사를 건넸다. 그들의 소개가 끝나자 나 역시 페퍼와 함께 한국에서 유럽 여행을 위해 처음 온 곳이 파리라고 말했다.

프랑스를 거쳐 스위스, 이탈리아까지 여행 계획을 들은 부자는 놀라는 얼굴로 "그 결정이 두렵지 않았어?"라고 물었다. 내 대답은 "페퍼와 함께라서 두렵지 않아"였다. 나와 페퍼를 기억하고 우리의 여행을 응원하겠다는 그들의 마음이 감사했고, 페퍼와 함께 환하게 빛을 밝힌 에펠탑을 바라보는 순간이 더욱 아름답게 느껴졌다.

08 페퍼와 함께라서 두렵지 않은 몽마르트르 언덕

몽마르트르 언덕에 가는 길. 몽마르트르를 오르는 길은 '팔찌단'이 있는 곳으로 유명하다. 팔찌단은 실 몇 가닥을 지나가는 관광객에게 억지로 채워주거나 선물이라고 속여 채워준 뒤, 말도 안 되는 돈을 요구하는 사람들을 부르는 말이다. 여행 준비 과정에서 팔찌단의 존재와 대처 방법에 대해 알게 되었고, 미리 준비한 대로 페퍼 목줄을 쥔 채 팔짱을 끼고 언덕을 올랐다. 결과적으로 무사통과. 내 느낌일지 모르지만 개와 함께여서인지, 여행하는 동안 사기단이나 소매치기가 섣불리 다가오거나 위협한 적이 없었다. 내 옆에 가던 한국인 관광객은 팔찌단에게 결국 돈을 주었는데, 내가 유독 안전한 게 단순히 느낌만은 아닌 것 같았다. 역시 페퍼가 함께 있어서 낯선 곳도 두렵지 않았다.

팔찌단을 통과해서 도착한 몽마르트르 언덕은 예술가들의 공간다웠다. 하프 연주자의 음악을 감상하며, 한눈에 내려다보이는 파리 전경을 가만히 바라보는 기분은 말로 표현하기 어려울 정도로 낭만적이었다. 그때 나처럼 강아지와 함께 여행 중인 할머니 한 분이 옆을 지나갔다. 동시에 페퍼의 관심도 온통 그 털북숭이 친구에게로 향했고 두 개는 서로 인사를 나누기 바빴다. 개들의 인사와 함께 반 운명적으로 견주들의 인사도 시작되었고, 서로의 개가 예쁘다는 칭찬이 이어졌다.

어디를 가던 개와 함께인 사람들을 만나면 더 반갑고, 더 멋있다고 느낀다. 특히 파리 사람들은 유독 페퍼를 예쁘게 봐줬다. 한 남자는 페퍼에게 다가와 한참을 어루만지며 떠나질 못했고, "내가 페퍼를 집으로 데려가면 안 되겠지?"라는 조금 무서운 농담을 던지기도 했다. 페퍼가 한국에서 왔다고 하자 "페퍼가 사는 한국의 말을 알려달라"는 사람도 있었다. '만득이'라는 단어를 좋아한다고 말해주니(만득이는 페퍼가 특히 사랑하는 장난감 이름이다) 옆에서 떠나지 않고 어색하고 어설픈 발음으로 만득이라는 말을 계속하며 페퍼를 향해 열정적 구애를 이어갔다. 그 모습을 보고 있으니 페퍼가 내 눈에만 사랑스러운 것이 아니라 어디서도 사랑받는 존재라는 생각에 내가 칭찬을 받는 것처럼 뿌듯한 마음이 들었다. 페퍼를 향한 파리 사람들의 웃음, 애정, 따뜻한 손길, 사랑스러운 눈길까지 모두 기억에 남는다. 우리의 파리 여행은 그들을 만났기에 한결 따뜻했다.

PART 2

이 풍경에 네가 있다니!

01 베르사유 궁전 가는 날

프랑스까지 왔으니 세기의 궁전에는 가봐야겠다며 정한 목적지, 베르사유 궁전. 궁전 내부는 강아지 입장이 불가능하지만 정원은 괜찮다는 정보를 확인하고, 우연히 여행 일정이 같던 친구와 베르사유로 향했다. 친구는 궁전 내부를, 나와 페퍼는 정원에서의 시간을 즐기기로 했다.

지하철을 타고 세브르역 Pont de Servres에서 내려 171번 버스를 타고 종점까지 가면 베르사유 궁전에 도착한다. 페퍼는 5일간 파리를 여행하며 지하철 타는 것에 어느 정도 익숙해졌다. 말 그대로 파리지앵 페퍼가 된 것. 페퍼는 본래 얌전하고 내 옆에 붙어있기 때문에 이동에 대한 걱정은 특별히 없었다. 물론 파리 지하철을 처음 탔을 때 좌석 사이가 굉장히 비좁아 살짝 긴장했었다. 다행히 페퍼가 몸에 닿아도 거부감을 표현하는 사람들이 없었고, 개에 대한 거부감이 있는 승객이라면 굳이 내색하지 않고 자연스럽게 다른 칸으로 이동하곤 했다. 결코 견주에게 불편하거나 거북하다는 표현을 하지 않는 파리 사람들을 만나면서 점점 더 페퍼와 함께 대중교통을 이용하는 것에 대한 걱정을 덜어낼 수 있었다.

베르사유 궁전에 가는 길에 지하철 안에서 다른 개 친구를 만났다. 그 친구는 정말 송아지만한 덩치였다. 하지만 지하철 내부에서 놀란 사람은 나와 내 친구뿐인 듯했다. 큰 덩치 때문에 입마개를 착용하고 있었지만 순해 보였다. 페퍼는 그 친구가 무서운지 내 다리 밑으로 숨어 들어갔다. 그 모습을 보고 겁쟁이 개가 귀여운지 주변 사람들의 얼굴에 웃음꽃이 피었다. 어느 곳에서나 소소한 웃음이 피어나게 하는 것도 페퍼의 매력 중 하나라는 생각에 슬쩍 입꼬리가 올라갔다.

환승하는 곳에 도착하자 이미 많은 사람이 베르사유로 가는 버스를 타기 위해 줄을 서 있었다. 페퍼와 함께 버스는 처음 탑승하는 거라 조금 두근대긴 했지만 사전 조사에 따르면 분명 개도 함께 탈 수 있었다. 버스가 도착하자, 사람들이 우르르 버스에 올랐다. 조금 비좁긴 했지만 나와 페퍼도 무사히 탑승해 자리에 앉았다. 13kg 강아지 페퍼는 몸집에 비해 굉장히 안정적으로 내 무릎에 자리를 잡고 그새 곯아떨어졌다.

창밖 풍경과 사람들을 구경하고, 친구와 수다를 떨다 보니 어느새 도착한 베르사유 궁전. 버스에서 내리자마자 멀리 보이는 황금색의 어마어마한 궁전 대문에 압도됐다. 화려함의 끝. 그러나 궁전에 가까이 다가갈수록 눈 앞에 보이는 길게 늘어선 줄. 원래 궁전 안을 구경할 생각이었던 친구는 말도 안 되는 줄에 마음을 접고 나와 함께 정원을 구경하기로 계획을 바꿨다. 정원 입구를 향하는데 궁전 앞에서 기념품을 팔던 흑인 청년이 페퍼를 가리키며 고개를 절레절레 흔들었다.

그 모습에 정신을 차리고 살펴보니 대문에 붙어있는 강아지 출입금지 그림. 궁전 안이 아니라 정원을 보러 왔는데도 출입 자체가 불가능하단다. 여기까지 지하철과 버스를 타고 왔는데 이렇게 허망할 수가. 어쩔 수 없이 친구만 들어가 정원을 보고, 나는 페퍼와 근처를 산책하기로 했다. 얼마의 시간이 지나고 입장했던 친구가 나왔다. 안에 사람이 너무 많고 정신이 없어서 정원 구경도 제대로 하지 못한 얼굴이었다. 친구에게 페퍼를 맡기고 안을 둘러보고 나오는데 여긴 내가 생각한 그림이 아니었다. '지하철과 버스를 타고 여기까지 왔는데 이게 뭐람!'이라는 생각이 들던 순간 우리를 안쓰럽게 보던 입구 쪽 직원이 궁전 뒤쪽에 페퍼와 함께 갈 수 있는 공원이 있다며 정보를 살짝 알려주었다.

일단 여기까지 온 게 아까우니 직원의 정보를 신뢰해보기로 하고, 알려준 공원을 향해 걸어갔다. 그전에 금강산도 식후경이라고, 길에 맛있어 보이는 레스토랑이 가득해 밥을 먼저 먹기로 했다. 우리는 테라스 자리에 앉아 햄버거를 먹고, 페퍼는 챙겨온 물그릇으로 목을 축이고 간식으로 배를 채웠다. 그곳에서 지나가는 사람들을 구경하고, 유치원생들이 페퍼에게 인사를 건네는 모습을 보며 여유로운 기분을 만끽했다. 파리 여행 내내 페퍼와 레스토랑에서 식사할 때, 직원들은 항상 페퍼의 물까지 함께 준비해주었다. 사소한 행동일 수 있지만 그 작은 배려가 참 고마웠다. 덕분에 기분 좋은 식사를 마칠 수 있었고, 그 공간을 훨씬 좋은 곳으로 기억하게 되었다.

직원이 알려준 공원은 동네 개 친구들도 많이 가는 곳이었는지, 오며 가며 많은 개들과 마주쳤다. 공원에 대한 기대가 조금씩 커졌다. 동네 공원

이라고 하기에는 입구 앞에 보안 직원들이 있어서 들어가도 되는 것인지 걱정이 됐다. 하지만 먼저 우리에게 따뜻한 눈인사를 건네는 그들을 보면서, 마음을 쓸어내리며 공원에 입장했다. 그리고는 곧바로 입을 다물지 못한 채 탄성을 질렀다. 끝이 안 보이는 어마어마한 가로수 길과 양옆으로 펼쳐진 광활한 초원. 그곳에는 양과 염소들이 풀을 뜯고, 사람들은 한가롭게 독서를 하며 일광욕을 즐기고 있었다. 개들을 산책시키는 사람들도 많았다. 페퍼도 목줄을 풀고 자유롭게 아름다운 초원을 뛰어다니기 시작했다. 초원 뒤 저 멀리 베르사유 궁전도 보였다. 화려하지만 사람이 많은 궁전보다 이곳이 더 마음에 들었다. 좋은 날씨까지…. 믿을 수 없게 멋진 공간에서의 완벽한 시간이었다.

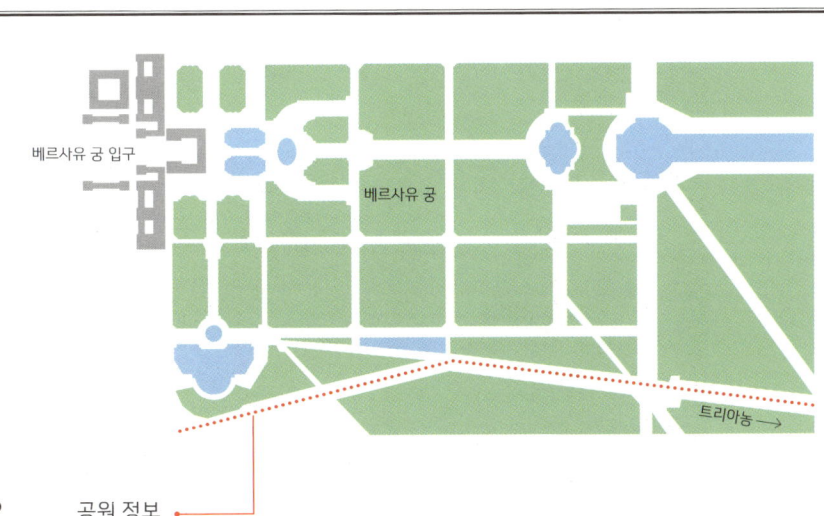

BONUS TIP 04

공원 정보
Le domaine national de versailles et de TRIANON

페퍼가 여러 강아지 친구들을 만나고 뛰어놀았던 곳은 베르사유 궁에서 트리아농으로 향하는 길이었다. 베르사유 궁이 워낙 넓은 공간이라 본궁에서 별궁으로 향하는 길일 뿐이지만 상상 이상의 장소였다. 길만으로도 충분히 아름다운 전경이 인상적이다.

02
평생 잊을 수 없는 너의 얼굴

순수하게 행복해하는 페퍼의 몸짓과 표정을 볼 때면 내 가슴 속에 있는 무언가가 크게 요동치면서 '내가 정말 페퍼를 사랑하고 있구나'라는 감정을 확인한다. 한없이 푸른 공원에서 털 자락을 휘날리며 신이 나서 어쩔 줄 모르는 표정으로 뒤따라오는 나를 향해 보여주는 해맑은 얼굴. 그 얼굴을 보며 '너와 이곳에 오길 잘했다'는 생각에 마음이 벅차올랐다. 어쩌면 나에게 여행은 멋진 곳을 보기 위한 행동이 아니라, 그 공간에서 페퍼의 행복한 표정을 보기 위한 일이 아닐까 싶다. 그렇게 푸른 초원과 그림처럼 파란 하늘을 눈과 마음에 가득 담으며 우리는 시간 가는 줄 모르고 걸었다.

페퍼는 새로운 영역을 탐험하듯 나에게서 좀 멀리 떨어져 자기만의 시간을 가졌다. 그러다가도 크게 부르면 나를 향해 달려왔다. 아름다운 베르사유 궁전이 정면으로 보였고, 그 앞으로 펼쳐진 빼곡히 푸른 수풀 사이로 회색 개가 나를 향해 달려오고 있는 모습이라니. 그 순간은 시간이 멈춘 듯 한 장면 한 장면 내 가슴 속에, 머릿속에 영원히 각인되는 기억으로 남았다. 그 순간과 그 장면, 특히 아름답고 사랑스러운 페퍼의 얼굴은 평생 잊지 못할 것이다.

03
Ca depend(싸데뼁) 정신의 나라라고?!

우리는 백 년 정도 된 것 같은 큰 나무 그늘 밑 벤치에 자리를 잡고, 많은 개 친구들을 만났다. 자전거를 탄 할아버지와 산책 나온 비글 친구. 독서를 즐기던 타투가 많은 멋진 청년과 그의 반려견 시저. 제시와 공놀이 중이던 친절한 할머니까지. 특히 제시와 페퍼는 함께 공놀이를 즐기며 그새 친구가 되었는데, 덕분에 프랑스어를 못하는 나와 프랑스어만 할 수 있는 할머니가 덩달아 인사를 나누게 되었다. 말은 통하지 않았지만 개와 함께 삶을 살아가는 공통점 덕분에 눈짓과 몸짓, 눈치로 이야기를 이어갔고, 작은 정적은 멋쩍은 웃음으로 채웠다. 소리가 오간 것은 아니었지만 마음으로는 무언가 통하는 느낌을 받았다. 그렇게 한참 동안 이 공원을 떠나지 못했다.

어느새 해가 뉘엿뉘엿 넘어가고 있었다. 이제는 아쉽지만 돌아가야 할 시간이었다. 숙소로 가기 위해 버스에 탑승하려는데 갑자기 기사가 페퍼를 보며 손을 절레절레 휘저었다. 분명 올 때 버스를 탔다고 설명해도 아저씨는 막무가내로 안 된다며, 택시를 타라는 말을 남기고 가버렸다. 세상에! 이게 무슨 상황이지? 잠깐 당황했지만 정신을 차렸다. 굴하지 않고, 주눅 들지 않고 다음 버스를 기다렸다. 그러나 막상 버스가 도착하니 아까의 경험 때문인지 눈치가 보이고 조심스러워졌다. 조심조심 버스에 올랐는데, 이번에는 무사통과!

이후 파리에 사는 사람에게 물어보니 개와 버스에 탑승하는 것은 기사 재량이 작용한다고. 탑승 거부를 하는 기사도 있고, 그렇지 않은 기사도 있어 상황에 따라 달라진다는 것이다. 프랑스를 'ca depend(싸데뼁)' 정신의 나라라고 하는 것이 이해가 됐다. 워낙 '때에 따라 다른' 일들이 많고, 상황마다 변하는 것들이 많은 나라인 모양이다. 예측할 수 없다는 점

들이 여행을 더 매력적으로 만들어주지만, 그 순간 당황했던 기억을 떠올리면 조금은 아찔하기도 하다. 프랑스 여행을 계획한다면 되도록 당황스러운 순간에 의연히 대처할 수 있는 정신을 꼭 챙겨보자. 아마도 아주 유용하게 사용될 것이다.

BONUS TIP 05

반려견과 프랑스를 여행할 때,
알아두면 좋은 정보

● 인스타그램 해시태그를 조합해 현지 개들이 잘 가는 곳을 찾아라.
개들이 들어갈 수 있는 레스토랑, 공원, 호텔 등 현지 개들의 동선을 알면 여행 장소를 정하는 데 도움을 받을 수 있다.

● 목줄과 입마개를 챙기자.
프랑스에서 대중교통을 이용할 때 작은 강아지들은 케이지나 가방에 들어가야 하고, 중형견 이상은 목줄과 입마개를 해야 한다. 물론 입마개를 하라는 요구를 받은 적은 손에 꼽을 정도이지만, 어떤 상황이 올 지 모르니 미리 챙기는 것이 좋다.

04 프랑스 소도시 여행

In 에트르타

렌터카를 빌려 몽생미셸 여행길에 올랐다. 기본적인 교통법만 익힌 채 낯선 프랑스 도로를 운전한다는 것이 두렵고 무서웠지만, 반대로 설레는 마음도 굉장히 컸다. 개인적으로 너무 좋아하는 영화 <하울의 움직이는 성>의 모티브가 된 몽생미셸을 꼭 페퍼와 함께 눈과 마음에 담고 싶었다.

몽생미셸은 파리에서 자동차로 4시간 거리에 있다. 긴 운전이 힘들기도 하고, 가는 길에 프랑스의 작은 소도시를 느껴보고 싶어 일정에 에트르타를 추가했다. 에트르타는 멋진 코끼리 바위와 해변 덕분에 관광객들의 사랑을 받는 도시이다. 에트르타로 가는 길에는 말 그대로 그림 같은 풍경이 펼쳐졌다. 넓은 평야와 동화책에서 볼 법한 집들. 톨게이트 요금소에서 만난 직원 아주머니도 창밖 풍경을 바라보는 페퍼를 보며 좋은 시간을 보내라고 인사해주었다. 그렇게 풍경에 취해, 함께 여행길에 오른 친구와의 이야기에 취해 달리다 보니 어느새 에트르타에 도착했다. 유명한 곳이다 보니 주차할 곳을 찾아 한참 헤매야 했지만, 사진만 봐도 셌던 코끼리 바위가 보이는 멋진 에트르타의 해변이 눈에 들어오니 그저 즐거웠다. 바다를 좋아하는 페퍼인지라 얼른 해변가로 내려가서 산책을 하는데 얼마 지나지 않아 관리자의 엄한 손짓이 우리를 불렀다. 미처 강아지 출입금지 표지판을 보지 못한 탓이었다. 몇 번이고 죄송하다며 밖으로 나왔다. 몰라서 들어간 거지만 페퍼와 짧게나마 에트르타의 해변을 거닐 수 있어 좋았다.

여행을 떠나기 전, 충분히 자료 조사를 해도 현지에서 조사했던 정보와 다른 상황을 만나는 경우가 많았다. 그럴 때 당황하거나 짜증 내기보다 다른 좋은 상황으로 빠르게 전환하기 위해 노력했고, 그 노력은 멋진 여행을 위한 최적의 선택이 되었다. 에트르타에서도 짧게 끝나버린 해변 산책의 아쉬움을 뒤로 하고, 아이스크림 하나를 사서 페퍼 한 입 나 한 입 나눠 먹으며 한가롭게 코끼리 바위 해변을 바라보았다. 사실 그것만으로도 충분히 좋았다.

"화가 모네를 포함한 여러 예술가들의 작품에 등장했던 곳.
그 순간 예술 속 공간 안에 나와 페퍼가 함께였다."

05 세계여행 중인 두 친구

몽생미셸로 향하는 길, 차에서 잠시 내려 행복한 한때를 보내고 있는데 지나가던 작은 캠핑카 한 대가 차를 세웠다. 작은 잭 러셀 테리어 한 마리가 페퍼를 향해서 달려오고 뒤이어 청년이 걸어 나왔다. 청년은 웃으며 인사를 건넸다. 잭 러셀 테리어 이름은 야야. 아마 개와 함께 있는 나를 보고 페퍼와 야야를 인사시켜주고 싶었던 모양이었다. 이런저런 얘기를 하다가 우리는 한국에서 왔고, 페퍼와 프랑스를 거쳐 스위스, 이탈리아를 여행할 계획이라고 했다. 청년도 자기 소개를 이어갔는데 나를 깜짝 놀라게 하는 말을 했다. '난 아주 작은 섬에서 왔는데 지금 야야와 세계여행 중이야.'라고.

"와, 정말 대단한 친구들을 만났구나. 정말 멋져."

세계 여행은 그에게도 쉬운 결정이 아니었을 거다. 유럽 3개국만 여행하는 것도 이렇게 많은 준비를 하고, 고생을 했는데 세계 여행이라니. 야야와 그는 정말 누구보다 멋진 친구 사이로 보였다. 우리는 서로에게 신기해하며, 각자의 여행을 응원해주었다. 한국에 돌아온 후에도 가끔 '야야는 세계 여행을 잘 마쳤을까? 아니면 아직도 여행 중일까?'라는 생각이 들었다.

06 천년을 간직한 수도원, 몽생미셸

얼마나 달렸을까. 저 멀리 안개 속에 몽생미셸 성이 보이기 시작했다. 그 모습을 마주하고 할 수 있는 일은 하나, 감탄의 탄성을 지르는 것이다. 정말 <하울의 움직이는 성>이었다. 안개 속 희미하게 보이는 성 주변을 둘러싸고 있는 푸른 초원과 그곳에서 풀을 뜯고 있는 수백 수천 마리의 양 떼들. 무언가에 홀린 듯 차를 세웠다. 초원은 끝이 보이지 않을 정도로 넓었으며, 평화로운 양 떼들은 이상한 몽생미셸의 풍경을 더 신비롭게 만들어주었다.

몽생미셸에 가려면 주차장에 차를 대고 무료 셔틀버스를 탄 후, 10분 정도 더 들어가야 한다. 걸어서는 30-40분 가야 하는 거리라 대부분 셔틀버스를 이용한다. 차에서 내리는 순간 이상한 느낌을 받았다. 무슨 뜻인지 정확히 알 수 없지만 주차장 사방에 개 출입금지 표시가 있었던 것. 망연자실했다. 한국에서부터 렌터카를 예약했고, 4시간 동안 운전해 여기까지 왔는데, 드디어 왔는데! 페퍼가 들어갈 수 없다면 사실 의미가 없었다. 더군다나 몽생미셸과 이렇게 떨어져 있는 주차장에 페퍼를 혼자 놓고 갈 수도 없는 노릇이었다. 화창한 날씨에 그늘 없는 주차장에 세워둔 차는 금방 찜통이 될 것이고 그 안에 페퍼를 혼자 두고 갈 수는 없었다.

같이 온 친구와 친구의 남동생이 신경 쓸까봐 쿨한 척 구경하고 오라며, 셔틀버스를 타러 가는 그들에게서 돌아섰지만 사실은 울고 싶은 심정이었다. 얼마가 지났을까. 갑자기 친구에게서 전화가 걸려왔다. 버스 있는 곳으로 페퍼를 데리고 뛰어오라는 다급한 목소리였다. 셔틀버스 직원에게 상황을 설명한 모양이었다. 친구가 한국에서 함께 여행을 왔고, 이 곳에 오기 위해 4시간이나 운전을 했는데 개금지 표시가 있어서 주차장에서 기다리고 있다고. 셔틀버스 직원이 "오 대단하다!"라며 페퍼를 안고 버스에 타면 괜찮다고 말했다는 것이다. 나는 페퍼와 정류장으로 열심히 뛰어갔다. '안 된다고 무섭게 사방에 그림들을 붙여 놓고 또 된다는 것은 뭘까?' 싶었지만, 갈 수 있다는 사실만으로도 충분히 좋아서 그런 생각은 금세 잊어버렸다.

'나는 운이 좋은 사람 같아. 너희 같은 친구들을 둬서 너무 복인 것 같아. 이 세상 운은 내가 다 가지고 있는 것 같아.' 등등 하나의 표현으로 완성할 수 없을 만큼 기쁜 마음으로 셔틀버스에 탑승했다. 무릎에 앉히기에는 다소 큰 13kg 개를 안고 있었지만, 몽생미셸 성으로 다가가는 그 순간의 설렘은 엄청났다. 그렇게 도착한 몽생미셸은 상상만큼 멋졌다.

드디어 멋진 수도원으로 들어왔다. 그 안에는 레스토랑이나 상점들이 있었는데, 겉에서 보는 것보다 아기자기했다. 우리처럼 몽생미셸을 구경하러 온 관광객들도 많았다. 그때 한 중년 남성 무리가 페퍼를 보고 멀리서부터 '벨라!'라고 말하며 다가왔다. 이탈리아 사람들인 것 같았는데 페

퍼를 보고 어찌나 호들갑을 떨며 엄지를 치켜세우고 "벨라 벨라(뷰티플의 의미)"를 외치던지. 그렇게 한참 동안 칭찬을 쏟아내고는 같이 사진을 찍고 싶다며 페퍼 옆에서 잔뜩 포즈를 취했다. 유럽 사람들은 동물에게 호의적이고, 동물에게도 아름답다는 표현을 아끼지 않고 쓰는 것 같다. 유럽에서는 동물과 함께인 모습이 당연하고도 자연스러운 일이었고, 나는 그것이 부러웠다. 동물들도 아름다운 것들을 인간과 함께 누릴 수 있다고 생각하며, 그 순간을 존중하는 그들이 고마웠다. 덕분에 페퍼와 내가 함께하는 행복한 시간도 쌓을 수 있었으니 말이다.

몽생미셸은 야경이 아름답고 유명한데 당일치기로 온 우리에게는 야경까지 볼 시간적 여유가 없었다. 결국 몽생미셸에 다시 올 이유 하나를 남겨놓은 채 다시 파리를 향해 운전대를 잡았다.

108

07 파리 숙소, 너는 악몽이었어!

파리에 도착한 첫날, 숙소의 내부 문제로 다른 호텔에 머문 후 다시 본래 예약한 숙소로 돌아왔다. 예약한 방은 페퍼와 나만 쓰는 곳이었다. 우리의 옆 방들은 한국 사람이 여러 명 함께 묵는 도미토리 형식이었고, 숙소에는 식사할 수 있는 공간도 있었다.

사건은 몽생미셸을 다녀온 날 일어났다. 피곤을 이겨가며 오랜 시간 운전한 끝에 밤 12시가 훌쩍 넘어 파리에 도착했다. 페퍼와 함께 침대에 누워 피곤을 풀어버리고 싶은 마음으로 서둘러 방으로 향했다. 방문 앞에서 키를 꺼내려고 가방을 뒤적이는데, 방 안에서 낯선 이들의 말소리와 인기척이 느껴졌다. 방을 잘못 찾았나 싶어 다시 한번 방 호수를 확인했지만, 내가 예약한 우리 방이 맞았다. 우선 들어가서 확인하려는 순간 '어, 누가 왔나 봐'라는 말소리가 들리더니 문이 열렸다.

열린 문틈으로 방을 살펴보니 그 방에서 며칠을 머물렀던 나와 페퍼의 흔적들은 아예 찾아볼 수 없었고, 잠옷을 입은 낯선 한국인 가족이 어리둥절한 눈으로 나를 바라보고 있었다. 당황하며 자초지종을 말하자 그들은 숙소 사장을 찾아가 보라고 말했고, 그 순간 나는 말 그대로 분노했다. 파리에 도착한 첫날의 당황스러운 사건부터 시작해 동의 없이 내 물건에 손을 대고, 짐을 뺐다는 사실은 이해할 수 있는 수준이 아니었다. 피곤한 몸과 갑작스러운 상황이 겹치자 너무 화가 나서 눈물이 나올 지경이었다.

통화 연결이 된 여사장은 "왜 연락했는데, 전화를 안 받았어요?"라고 먼저 물었다. 연락을 받은 적이 없다고 하자, 그녀는 의아해하며 자초지종을 설명했다. 한국인 가족이 베드버그에 물려 사장에게 도움을 요청했고 같

은 한국인을 저버릴 수 없었다고. 사장은 베드버그가 옮을 수 있어 다수의 사람이 머무는 방이 아닌 1인실, 즉 내가 머물던 방을 내주었다는 것이다.

그녀는 미안하다고 사과하며 다른 호텔에서 자야 할 것 같다고 말했다. 다른 이야기를 할 것도 없이 그들은 이미 멋대로 싸놓은 내 짐 가방을 끌고 숙소 옆에 있는 호텔로 향하기 시작했고, 나는 어쩔 수 없이 페퍼를 데리고 그 새벽에 울면서 그들을 쫓아갔다. 지나가는 사람들이 울고 있는 나를 쳐다봤지만, 당시에는 부끄러운 감정도 들지 않았다. 첫날 예약해주었던 곳보다 더 크고 좋은 호텔에 체크인 해주었지만, 그런 것은 중요하지 않았다. 여전히 분노하는 나에게 여사장은 "할 말이 없다. 미안하다. 내일 데리러 오겠다."라는 말을 남기고 떠났고, 나는 낯선 방에서 페퍼를 안고 엉엉 울었다. 아무것도 할 수 없는 것이 더 화가 났다. 우는 나를 보며 어리둥절해 하는 페퍼를 보니 미안한 마음이 들어 한바탕 더 울다가 잠이 들었다.

다음 날, 체크아웃 시간이 다 되도록 나를 데리러 오는 사람은 없었다. 결국 혼자 한 손에는 큰 짐을 끌고 한 손에는 페퍼를 데리고 숙소로 향했다. 여기까지 보면 정말 말도 안 되는 상황을 겪은 것이다. 숙소 여사장은 진심으로 나에게 사과했다. 처음 방을 내어 줄 때부터 스태프의 실수로 지금의 방을 배정했고, 중간에 짐에 손을 대고 여행 기분을 망친 것, 두 번이나 다른 호텔에서 잠을 자도록 만든 상황 등 모든 것이 무엇으로도 보상할 수 없는 일이라며 미안한 마음을 전했다. 이후 여사장은 남은 2일간의 파리 여행 내내 이동할 장소로 우버 택시를 불러주며 미안한 마음을 재차 전했다.

지금도 그때를 생각하면 충격적인 기분이 따라온다. 그러나 즐거운 여행을 이어가기 위해서 누군가에게 계속 화를 내기보다 기분을 풀어야 한다는 생각에 마음을 다잡고 또 다잡았다. 여행하는 동안 언제든 예상치 못한 일들을 겪을 수 있다. 하지만 그 일 때문에 매번 여행을 망칠 수는 없다. 파리에서 페퍼와 함께 보내는 시간은 쉽게 오는 것이 아니기 때문에 속상한 마음을 달래기 위해 노력했고, 아주 조금씩 충격에서 벗어날 수 있었다. 물론 다시는 경험하고 싶지 않은 순간이었지만.

베드버그가 뭐길래?

베드버그란 빈대의 일종인 벌레로 호주나 유럽의 지저분한 호스텔이나 민박 형태의 숙소 침대에서 서식하고(주로 나무 침대) 피부에 일렬로 기어 다니며 피를 빨아먹는다. 물리면 모기에 물린 것보다 몇 배 이상의 극심한 가려움증을 느끼게 되고, 온몸으로 퍼진다. 베드버그에 물린 숙소에 머물렀다면 가방이나 옷 등에 숨어들어 계속 따라다닐 가능성이 높다. 따라서 베드버드가 숨을 만한 모든 소품을 햇볕에 4시간 이상 말리는 것이 좋다.

08 프랑스 애견 숍 체험

프랑스에서 스위스로 이동하기 위해서는 TGV 기차를 타야 한다. 기차 규정에는 개를 케이지에 넣어서 탑승하거나, 케이지가 없으면 목줄과 입마개를 착용해야 한다고 나와 있다. 꼭 사나운 개라서 그런 게 아니라 타인에 대한 배려 차원이다. 그래서 프랑스를 떠나기 전, 페퍼가 착용할 입마개를 구매해야 했다. 더불어 바닥을 보이기 시작한 페퍼의 사료도 사야 했다.

프랑스에서 애견용품 숍을 방문하는 일은 생각보다 어렵지 않았다. 구글 맵에 프랑스어로 '개'라고 검색하니 관련 가게들이 나왔다. 그중 사진을 보고 규모가 꽤 있어 보이는 곳으로 향했다. 날씨도 좋고 페퍼와 산책하는 기분으로 거리를 걸으니 다가올 앞으로의 일들이 기대되기 시작했다. 파리 사람들이 자유롭게 일광욕도 하고 잔디에 누워 연인들끼리 사랑을 속삭이는 낭만적인 공원도 지나쳤다. 평화라는 개념에 형태가 있다면 이런 모습이 아닐까 싶었다.

그렇게 기분 좋은 상태로 파리의 한 애견용품 숍에 도착했다. '봉수아 마드모아젤'이라고 인사하는 젠틀한 상점 청년들. '파리는 왜 애견용품 숍 직원들도 멋있는 것인가.'라는 원초적 질문을 하며 가게를 둘러보았다. 프랑스어를 못하는 나는 휴대폰 번역기를 이용해 의사소통을 했다. '강아지와 기차를 타야 하는데 입마개가 필요합니다'라는 말을 보여주자 직원들은 "위, 위"라고 답하며 입마개 하나를 보여주고, 페퍼 사이즈에 맞게 조절도 해줬다. 페퍼가 단 한 번도 입마개를 착용해본 적이 없어서 걱정이었는데, 꽉 조이는 형태가 아닌 구멍이 뚫린 망사 같은 가벼운 재질이어서 페퍼도 별다른 거부감이 없는 듯했다. 사료는 먹이던 것이 없어서 비슷한 성분으로 추천을 받아 구입했다.

물건을 사고 나니, 쇼핑에 대한 욕구가 슬쩍 고개를 들었다. 애초에 쇼핑에 대한 욕심을 버리고 온 여행이었지만 파리를 떠나기 전에 쇼핑 장소로 유명한 마레 지구를 한번 둘러보고 싶었다. 그렇게 시작된 마레 지구 쇼핑 타임. 한 편집 매장에 들어가니 직원들이 얼굴 근육을 잔뜩 사용한 채 돌고래 소리를 내면서 페퍼를 맞아줬다. 옷을 파는 가게에서 이런 환대라니. 낯설고도 기분이 좋았다. 페퍼는 자신을 예뻐하는 사람들을 유독 좋아해서 발라당 기술을 선보였다. 그 모습을 보자 그들은 다시 돌고래 소리를 내며 페퍼를 쓰다듬었다.

지인들에게 줄 가벼운 선물을 고른 후(앞으로도 남은 여행이 많은 데다가 이미 짐이 넘치고 넘쳐서 무거운 선물은 살 수 없었다) 근처 빵집에 가서 주인이 직접 갈아서 만든 오렌지 주스와 물을 구입했다. 사람들이 줄을 서서 기다리는 것을 보니 꽤 유명한 집인 것 같았다. 빵집에서도 강아지가 들어가는 것에 대한 거부감이 전혀 없었다. 그들에게는 그리 특별한 일이 아닌 듯싶었다. 이런 경험이 반복되니 나 역시 이곳의 분위기에 익숙해져 상점을 들어갈 때 먼저 눈치를 보는 경우가 많이 줄어들었다. 많이 걸은 후 페퍼와 내가 목을 축이는 시간. 공원에 앉아 햇빛을 느끼며 마시는 오렌지 주스는 환상이었다. 여행 중에는 마음이 말랑해지기 때문인지, 이렇게 별 것 아닌 것에도 감동하고 행복해진다. 그 맛에 다시 여행을 떠날 결심을 하는 것이 아닐까.

BONUS TIP
반려동물의 TGV 기차 탑승 기준은?

● 프랑스에서 다른 나라로 가는 기차를 반려견과 함께 이용하려면 몇 가지 규정을 지켜야 한다.

① 1인당 2마리까지 가능

② 6kg 미만이고 45cm x 30cm x 25cm의 가방이나 바구니에 들어가는 경우, 7유로만 지불하면 된다.

③ 6kg 이상은 여행 기간 내내 입마개를 착용해야 하며, 2nd 클래스 운임의 50%에 해당하는 요금을 지불해야 한다.

④ 프랑스 외 유럽 국가를 여행하기 위해서는 마이크로 칩이 심어져 있어야 하고, 광견병 예방 접종을 해야 한다. 수의사가 발급한 서류 또는 반려견 여권이 있어야 하며, 최신 건강 기록부가 필요하다.

PART 3

가장 좋은 여행 친구 너라서 다행이야!

01 스위스로 떠나는 날

　설레고, 행복했지만 많이 울었던 '다사다난 프랑스'를 뒤로 하고, 자연이 아름다운 나라 스위스로 떠나는 날. 숙소에서 준비해주는 아침 한식 메뉴를 챙겨 먹고 같은 방을 쓰지는 않았지만 식사를 하면서 낯이 익었던 사람들과 작별 인사를 나눈 후, 리옹역으로 가기 위해 여사장이 불러준 우버 택시에 몸을 실었다. 어쩌면 페퍼에게는 마지막 파리의 모습일지도 모르는 창밖 풍경을 바라보며 지난 추억들을 회상했다. 이곳은 우리에게 참 특별한 곳이었다. 내 기분이 어떻게 변했는지와는 무관하게 페퍼와 함께하는 모든 시간이 멋졌다.

　기차 시간이 40분 남았을 즈음, 무사히 역에 도착했다. 기사 아저씨가 짐도 내려주고, 덕분에 여유롭게 근처를 둘러보며 페퍼의 용변도 해결하고 역으로 향했다. 유럽에 와서 처음 기차에 탑승하는 날이라 그런지 더 설레었다. 내 기차표는 예약이 된 상태였기 때문에 발권기에 가서 페퍼의 티켓만 사면 됐다. 그 전에 완벽한 규정 숙지를 위해 페퍼에게 입마개를 착용시켰다. 입마개를 사고 페퍼에게 긍정적인 기억을 심어주려고 간식을 주면서 몇 번 착용 연습을 했었다. 다행히 크게 거슬리고 무겁지 않은

지 페퍼도 거부감 없이 얌전히 착용해줬다.

이런 준비를 마치고, 예약한 티켓을 들고 플랫폼을 찾으려는데 낯설고 어려워서 이리저리 헤매고 말았다. 점점 탑승시간이 다가오니 불안한 마음에 직원에게 티켓을 보여주며 어디로 가야 하는지 물었다. 그러자 직원이 인상을 쓴 채 내 티켓을 한참 본 후 다급하게 입을 열었다. "오 마담! 역을 잘못 찾아왔어. 여긴 리옹역이 아니야. 리옹역은 여기서 지하철로 두 정거장 더 가야 해."

진정 파리 숙소의 저주는 끝나지 않은 것인가. 분명 리옹역에 간다고 했는데 왜 이곳에 날 내려준 거지? 마지막까지 붙잡고 붙잡던 멘탈이 부서지는 것을 느꼈다. 기차를 놓칠 것 같다는 생각이 머리를 스쳐 지나갔고, 말도 안 되지만 페퍼와 엄청난 캐리어를 들고 냅다 뛰기 시작했다. 전철 티켓을 사는 줄은 또 왜 이렇게 긴 걸까? 다리를 덜덜 떨고 입술을 뜯으며 기다린 끝에 표를 사고 다시 달리기 시작했다. 아, 젠장 여기는 왜 에스컬레이터가 없는 거냐고! 왜 다 계단이냐고! 사실 마음 같아서는 캐리어를 계단 밑으로 냅다 집어던지던지 캐리어를 타고 썰매마냥 슬라이딩하고 싶었다. 이미 정신이 나간 나는 당황한 나머지 전철 탑승 장소를 계속 헤맸고, 옆에 있는 한 남자에게 리옹역으로 가는 것이 맞는지 물었다. 누가 봐도 다급해 보였는지 그 남자는 "맞다"는 말과 함께 지하철 노선도를 선물이라고 쥐여주었다.

그렇게 정신없는 상태로 두 정거장을 가서 내리고 다시 뛰기 시작했다. 이미 마음속에서는 눈물이 흐르고 있었고, 내 몸은 엄청난 양의 땀을 뿜어내고 있었다. 그때 내 앞에 펼쳐진 끝이 보이지 않는 오르막 계단. 동양 여자가 개 한 마리에 거대한 캐리어를 끌고 낑낑대며 미친 듯이 올라가고 있으니 친절한 파리 사람들 두세 명이 캐리어를 들고 같이 뛰어 올라가 주었다. 너무 숨이 차서 고맙다는 말이 제대로 전달되었을지 모르겠지만, 계속 "메르시"라고 반복하며 그 엄청난 계단을 올랐다. 그리고 뛰었다. 해피엔딩을 기대했지만, 결과적으로 그 모든 노력에도 불구하고 우리는 기차를 놓쳤다.

02 기차의 저주 I

일단 한동안 같이 뛰어준 페퍼를 안아주고, 정신을 다시 차린 후 땀과 함께 이미 떠난 기차 티켓은 날려버리고, 발권기에서 새 티켓을 구매했다. 모든 티켓은 이미 예매가 완료되었고, 남은 좌석은 일등석뿐. 가격을 알면 더 슬퍼질 것 같아서 정확한 금액을 보지 않았다. 그저 매우 비쌌다는 것만 느껴졌을 뿐! 1시간 30분 후에 출발하는 기차표를 예매하고, 이어서 페퍼 티켓을 구매하기 위해 발권기 버튼을 이리저리 눌러 보았다. 그러나 아무리 찾아도 동물에 관련된 항목은 나오지 않았다. 결국 다시 한번 직원에게 문의했고, "강아지 티켓은 창구에서 구입할 수 있다"는 답을 얻었다.

터덜터덜 티켓 창구로 걸어갔다. 산 넘어 산이라더니 줄이 정말 어마어마했다. 이런 상태라면 방금 비싼 돈을 주고 산 티켓마저 허공에 날려버릴지도 모를 일이었다. 이미 미치기 직전이었지만, 내가 할 수 있는 일은 마음을 다스리며 침착하게 줄을 서 차례를 기다리는 일뿐이었다. 그 와중에 페퍼는 내 마음도 모르고 지나가는 사람들에게 눈인사를 하고, 꼬리도 살랑살랑 흔들고, '내 엉덩이를 쓰다듬어봐' 하며 몸을 비비고, 배를 뒤집으며 온갖 애교를 다 펼쳐 보였다. 그런 페퍼를 보며 긴 줄에 지루했던 사람들의 얼굴도 온화해지고, 이곳의 공기도 화기애애해졌다.

그렇게 지옥의 순간을 페퍼의 힘으로 이겨내며, 줄을 선 지 한 시간 가깝게 지났을 때쯤 직원을 마주할 수 있었다. 더 이상 오류가 있어서는 안 된다는 마음으로, 특히 두려웠던 소통의 오류를 최소화하기 위해 '강아지 기차 티켓을 사고 싶어요.'라는 말을 불어로 번역한 휴대폰을 소중히 쥐고 있다가 직원에게 보여주었다. 그러나 이어진 직원의 대답은 나를 또 한숨 쉬게 만들었다. 프랑스 내의 강아지 티켓은 살 수 있지만 스위스에서 환승

할 때 티켓을 다시 구매해야 한다는 것. 여행 일정상 인터라켄에 가기까지 두 번의 환승을 해야 했다. 이는 곧 스위스 땅에 들어서는 순간 다시 페퍼의 티켓을 사러 가야 한다는 의미이기도 했다.

과연 짧은 환승 시간 안에 페퍼의 티켓을 사고 무사히 기차를 탈 수 있을까? 걱정이 앞섰지만, 우선 지금 순간에 집중했다. 무사히 페퍼의 티켓을 샀고, 전광판으로 뛰어가 플랫폼을 확인했다. 유럽은 테러 위험 때문에 티켓에 플랫폼 번호가 나오지 않고 탑승 시간 전 전광판에 안내되는 낯선 시스템이었다. 한국에서 예매를 하거나 현장에서 표를 구매하더라도 탑승시간 10분 전에만 도착하면 지하철 타듯 편하게 기차에 탑승했던 경험과는 완전히 달랐다.

전광판에 뜬 플랫폼 번호와 티켓을 여러 번 번갈아 보며 신중하게 확인하고, 페퍼와 엄청난 크기의 캐리어를 끌고 기차에 탑승하러 플랫폼으로 향했다. 기차가 도착하자 탑승하려는 사람들로 플랫폼이 가득 찼다. 나처럼 낯선 땅에서 기차를 타는 것이 헷갈리고 어려운 사람들이 많은지 승무원에게 각자의 티켓을 보여주며 확인하는 사람들 또한 많았다. 나도 그 사람들 사이에 서서 승무원에게 티켓을 확인받기로 했다. 예쁜 승무원에게 티켓을 보여주니 신속하게 내 티켓을 훑고 일등석이니 앞쪽으로 가서 탑승하라고 손짓하며 안내해주었다. 그제야 안심이 되었다. 이 기차가 맞구나.

한 단계 지나니 또 다른 걱정이 이어졌다. 무거운 캐리어와 페퍼를 기차에 모두 태우려니 뒤에 줄을 서 있는 사람들에게 괜한 눈치가 보였다. 고민하던 나는 일단 페퍼를 먼저 기차에 올려서 "기다려"를 시켜놓고 다시 내려와 캐리어를 옮겼다. 다행히 뒤에 사람들은 아무런 불편한 내색 없이 기다려주었다. 처음 한 번이 역시 가장 어려운 법이다. 그 뒤에는 무거운 짐을 가지고 페퍼와 함께 기차를 탈 때 어떻게 해야 하는지 고민하지 않았다. 다른 이들에게는 별거 아니지만 나에게는 큰 노하우가 생긴 느낌이었다.

짧은 시간 동안 지나치게 많은 일을 겪은 후, 스위스로 가는 기차에 탔다. 정말 긴 하루였다. 오늘 안에 못 갈 줄 알았던 스위스를 향해 기차가 출발했다. 눈물로 구매한 일등석 티켓 덕분에 기차에서 제공하는 도시락도 먹었다. 더불어 케이지 없이 맨몸으로 페퍼와 처음 탑승하는 기차였다(물론 대가를 치르긴 했지만). 내 다리 밑에 얌전히 있어야 하는 페퍼가 자꾸 비어있는 옆 좌석으로 올라오고 싶어 했다. 영문도 모르고 나를 따라 달리느라 힘들었는지 페퍼도 맨바닥보다는 푹신한 의자에 누워 쉬고 싶었던 모양이었다. 처음에는 올라올 때마다 달래서 내려보냈는데, 결국 못 이기는 척 내버려 두게 되었다. 그런데 그 순간 티켓을 확인해주었던 승무원이 우리의 곁으로 지나갔다. 두근두근. 강아지를 바닥에 두라고 한 소리 듣지 않을까, 입마개를 착용하라는 경고를 하지 않을까 눈치를 보며 지나가는 승무원을 바라봤다. 하지만 승무원은 페퍼를 보며 싱긋 웃고는 우리를 지나쳤다. 다행스러운 한숨이 새어 나왔다. 이제야 괜찮다는 느낌이 들었다.

승무원은 원래 강아지가 좌석에 올라갈 수 없지만 페퍼는 깨끗하고 착해서 괜찮다고 말해줬다(이게 바로 프랑스인들의 싸데뼁인가?). 페퍼도 기차는 첫 탑승인지라 어색했을 텐데 잘 있어 주었다. 그렇게 기차로 달린 지 몇 시간이 되었을까. 정확하게 알 수는 없지만 어느 정도 프랑스를 벗어나 스위스의 영역에 왔구나 싶었다.

BONUS TIP

스위스에서 강아지 기차 티켓 결제하는 방법

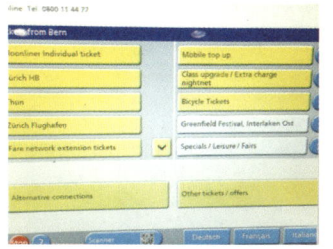

처음 화면에서 언어를 English(영어)로 변경

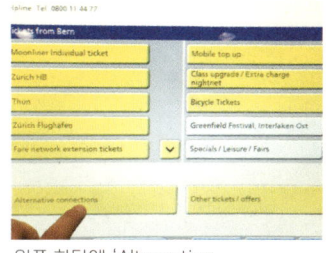

왼쪽 하단에 'Alternative connections' 버튼을 누른다.

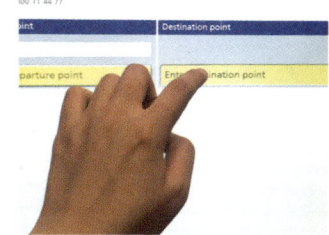

'Enter destination point' 버튼 선택

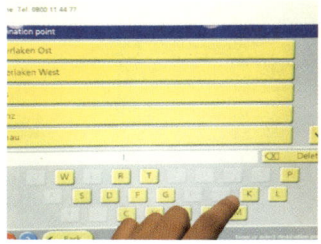

아래 영문 키보드를 눌러 원하는 행선지의 이름을 검색한다.

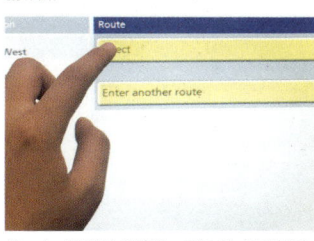

Route 칸에서 원하는 루트를 선택한다. (기차를 타는 곳, 목적지에 따라 보여지는 루트가 다를 수 있음)

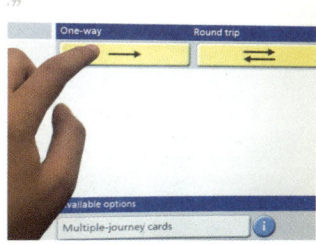

편도(One-way)인지 왕복(Round trip)인지 선택한다.

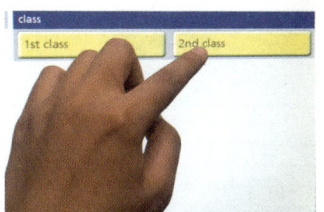

2nd class(이등석) 버튼을 선택

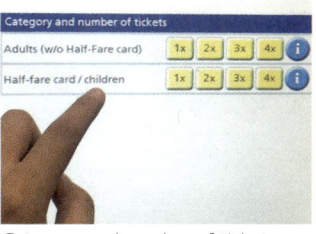

Category and number of tickets 칸에서 Half-fare card / children을 선택. 페퍼 한 마리 몫만 결제하면 되니 1x 버튼을 누르고, 결제를 진행하면 된다.

03 기차의 저주 Ⅱ

처음에는 스위스 하면 생각나는 멋진 대자연의 경관을 직접 볼 거라는 상상만으로도 설레었다. 그러나 기차에서는 설렘보다 환승에 대한 긴장이 나를 지배했다. 정차할 때마다 촉각을 곤두세우고 어느 역인지 확인했는데, 여전히 더 가야 했다. 이런저런 고민에 빠져있던 내 옆으로 아까 그 승무원이 필요한 것은 없는지 물으며 지나갔다. 조심스럽게 페퍼의 물을 부탁했고, 그녀는 흔쾌히 컵에 페퍼가 마실 물을 가져다 주었다. 그러면서 자신도 보더 콜리를 키우고 있다고 이야기했다.

국적 불문하고 같은 견종을 키우는 견주를 만나면 참 반갑다. 승무원도 나처럼 신나서 휴대폰을 꺼내 자신의 보더 콜리 사진을 보여줬다. "아직 어린 강아지인데 보더 콜리는 미친 개야"라고 말하는 그녀에게 격한 공감을 표하며 웃었다. 어렸을 때 워낙 사고를 많이 치는 것을 알기에. 그래도 나이가 들면 나아지더라는 유경험자의 조언도 하고 이런저런 개 이야기를 나눴다.

그러다가 문득, 대화하느라 잠시 잊었던 불안이 되살아났다. 불안을 잠재우기 위해 정확하게 확인하기로 하고, 환승역 티켓부터 페퍼 티켓까지 꽤 여러 장의 티켓 중 첫 번째 환승역 티켓을 보여주며 "여기서 내려야 하는데 얼마나 더 가야 하나요?"라고 물었다. 그녀는 미간을 찡그린 채 내가 건넨 티켓을 열심히 바라봤다. 언젠가 본 적 있는 불안한 표정이라는 생각을 하려는 순간 그녀의 입에서 나온 또 믿을 수 없는 말! "오 마이 갓! 너 기차 잘못 탔어."

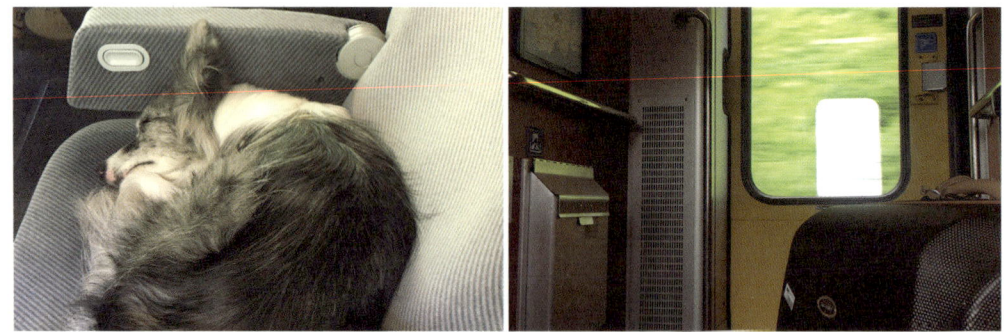

　누군가가 망치로 머리를 세게 친 기분이었다. 차라리 그 순간 기차에서 기절해버리고 싶었다. 어쩌면 나는 스위스에 갈 운명이 아닐지도 모른다는 생각도 들었다. 순식간에 수많은 생각이 스쳐 지나가며 멍한 상태로 있으니 나보다 승무원이 더 다급한 목소리로 "잠시만 여기서 기다려! 내가 앞으로 어떻게 하면 되는지 알아보고 올게."라고 말하고 어디론가 빠르게 달려갔다. 고개만 끄덕이고 의자에 털썩 주저앉아서 '페퍼야! 속 편하니? 난 죽을 맛이야. 우리 그냥 집에 갈까?'라는 말을 하다가 '아니 내가 미안해. 내가 멍청이야.'라고 자책도 하다가 '아까 기차 타기 전에 저 승무원한테 티켓을 보여줬는데 왜 앞에 가서 타라고 한 거지? 저 승무원 탓이야.'라고 원망도 했다가 어찌할 수 없는 마음이 마구 날뛰는 대로 두었다. 그때 승무원이 다시 와서 "다른 승무원이 와서 어떻게 가면 되는지 알려줄 거야."라고 했다. 또 끄덕끄덕. 다시 기다림의 시간이 지나갔다.

　갑자기 일등석 칸의 문이 열리고, 금발에 가까운 밝은 갈색 머리에 푸른 눈을 가진 테리우스 한 명이 나에게 걸어왔다. 그는 내 건너편 옆 좌석에 털썩 앉아서 페퍼에게 인사를 건네고는 어떻게 기차를 바꿔 타야 하는지 휴대폰으로 기차 시간표를 하나씩 확인하며 친절하게 알려줬다. 다행히 최종 목적지가 인터라켄역이라고 하니, 지금 여기는 어차피 스위스니까 다음다음 역에서 내려 자신이 알려주는 기차를 타면 된다고 안심하라고 했다. 그 말을 듣자 안도의 한숨이 나왔다. 아예 엉뚱한 곳으로 와버린 거면 어쩌지 걱정했는데 인터라켄역에서 그렇게 벗어난 것은 아닌 듯 보였다. 테리우스는 내 티켓에 무언가 메모를 남겨주었다. 아마 다른 승무원들에게 내 상황을 알릴 수 있는 말을 적는 듯 보였다. "혹시나 또 헷갈리고 어려우면 나와 같은 넥타이를 한 사람을 찾아. 하지만 어렵지 않을 거

야. 아주 쉬워."라며 너무나 친절하게 길을 알려주었다. 그가 알려주는 기차 번호와 내려야 하는 역 이름까지 꼼꼼히 메모하며 거의 울 듯한 얼굴로 연신 고맙다고 하니, 그는 윙크를 날리고는 유유히 떠났다.

이제 테리우스 오빠가 알려준 대로 한 번만 갈아타면 인터라켄역으로 갈 수 있었다. 일단, 도착한 곳은 프랑스가 아닌 스위스였기 때문에 환승역에서 페퍼의 티켓을 구매하기 위해 매표소로 향했다. 친절한 할아버지 직원 분에게 페퍼의 티켓을 구매하는 방법을 여쭤보니, 미소 지으며 매표 기계로 데려다주었다. 그리고는 스위스 언어를 잘 모르는 나를 위해 버튼 하나하나를 설명해주었다. 스위스는 매표 기계에서도 강아지 티켓을 구입할 수 있었다.

구입 방법도 숙지했고, 페퍼의 티켓도 구매했고 인터라켄으로 향하는 기차 탑승까지 무사히 완료했다. 앞에 있는 사람과 마주 보고 타는 형태의 좌석이었는데, 중간에 캐리어를 넣으니 자리가 굉장히 좁아졌다. 맞은 편에 있는 인상 좋은 아저씨가 좁은 좌석 바닥에 불편하게 있는 페퍼를 보고 미소 짓더니 자신의 옆 좌석을 손바닥으로 두드리며 올라오라는 신호를 보냈다. 페퍼는 귀신같이 그 제스처를 캐치하고 냉큼 아저씨 곁으로 올라갔다. 비록 파리에서부터 이 기차에 탑승하기 전까지 정말 많은 우여곡절이 있었지만, 이렇게 작지만 따뜻한 기억 하나로 지쳤던 마음에 다시 에너지가 생기는 게 아닌가 싶었다.

"페퍼야! 우리 스위스에 갈 수 있어. 이번엔 정말이야!"

04 기대를 만들어 준 스위스 숙소

드디어 인터라켄역에 도착했다. 인터라켄역을 나와 주위만 둘러봐도 감탄이 쉬지 않고 나왔다. 호수 색은 물감을 풀어놓은 듯 에메랄드 빛깔을 자랑했고, 저 하늘 멀리 패러글라이딩을 하는 사람들과 그 뒤로 그림같이 자리 잡고 있는 산맥들까지. 이곳은 완벽했다.

"페퍼야 드디어 도착했어! 나랑 같이 고생해줘서 미안하고 고마워. 내 친구."

페퍼에게 감사의 말을 건네고 숙소로 향했다. 인터라켄은 한국인 관광객들이 많았는데 언뜻언뜻 나오는 한국말과 페퍼, 큰 짐 가방까지 그들의 시선을 끌기에 충분했다. 부작용으로는 페퍼와 길을 걷고 있으면 자꾸 나에게 길을 물어본다는 점이다. 이곳이 처음인 것도, 길을 모르는 것도 그들과 똑같은데 아무래도 개와 함께 있으니 현지인처럼 보였던 모양이었다.

그렇게 길을 묻는 사람들과 의도치 않은 만남을 몇 번 거치며 기대하던 숙소에 도착했다. 인터라켄 숙소는 한인 민박이었는데, 페퍼와 함께 묵

을 수 있는지 문의 글을 보낸 후 굉장히 긍정적인 답을 준 곳이었다. 나와 페퍼가 올 날을 기대하며 기다린다는 멋진 말과 함께 보내준 답장은 참 따뜻했다.

페퍼와 함께 숙소에 들어서니 스태프들이 "왔구나!! 너구나!"라며 우리를 크게 반겨주었다. 다들 친절하고 편안한 분위기에 기분이 한결 좋아졌다. 2인실을 페퍼와 함께 쓰는 것으로 예약했는데, 시설이 좋은 편은 아니었지만 다들 페퍼를 편하게 대해주는 점, 무엇보다 물가가 비싼 스위스에서 호텔보다 저렴하게 묵을 수 있다는 점, 아침에는 샌드위치, 저녁에는 한식을 준다는 점이 매력적이었다. 혹시나 개를 싫어하거나 불편해하는 사람들이 있을까 걱정하고 신경 썼는데 다른 방을 쓰는 사람들도 페퍼를 신기해하고, 우리의 여행을 응원해주었다.

프랑스에서 겪었던 숙소와 관련된 좋지 않은 기억들이 지워지며, 참 다행이라는 생각이 들었다. 민박에서 모르는 사람들과 얼굴을 마주하고 식사를 하면서 각자 다른 생각과 목적으로 여행하는 이야기를 공유하다 보면 직접 겪지 않아도 느껴지는 많은 감정들이 생긴다. 아직 완벽하게 익숙하진 않지만, 즐거운 경험들이 한 겹씩 쌓여가는 것 같다. 워낙 낯을 가려 모르는 사람 사이에 나서서 이야기를 하는 편은 아니지만, 다행히 페퍼가 옆에 있어서 자연스러운 대화 분위기를 만들 수 있었다. 나와 달리 페퍼는 살갑다. 내 가방에서 장난감을 꺼내와 스태프나 다른 사람에게 놀아달라고 귀여운 응석을 부리기도 하고, 소파에 함께 앉아있기도 하며 자연스럽게 이곳에 적응해갔다. 참 어디에 떨어져도 잘 살아남을 나의 페퍼. 5일 동안 머물게 될 스위스가 기대되는 첫날이었다.

05 스위스에서의 이중생활

스위스를 여행했던 사람들은 날씨가 정말 중요하다고 말한다. 날씨에 따라서 완전히 다른 풍경을 볼 수 있기 때문이다. 날씨가 좋으면 그림 같은 경관을 볼 수 있고, 그렇지 않으면 한 치 앞도 제대로 보이지 않아 오직 안개만 봐야 할 수도 있다. 숙소 사람들의 경험담에 의하면 기상청 일기예보보다 아침에 일어나 눈을 떴을 때 보이는 날씨가 더 정확하다고 한다. 만약 아침에 날씨가 맑으면 지체 없이 빠른 속도로 준비를 마치고 어디론가 뛰어나가는 것이 현명하다고. 그래야 좋은 날씨를 즐길 수 있다는 이야기인 듯했다.

그런 의미로 나는 참 운이 없었다. 내가 스위스를 여행할 때 마침 이상 기후로 비가 많이 내렸다. 아침에 새소리와 따가운 햇볕에 눈 뜨고 싶던 바람은 꿈에서나 가능한 이야기가 되었다. 유리창에 후드득 떨어지는 빗소리를 들으면 눈을 뜨는 날들이 이어졌다. 더욱이 비가 오니 할 수 있는 것이 줄어들었다. 대부분 이렇게 비가 오는 날씨가 이어지면 기차를 타고 스위스 도시를 관광하는 일정을 주로 보낸다고 했다. 그러나 나의 선택은 늘어지기. 꼭 무엇인가를 하지 않아도 비가 오는 창밖을 바라보며 숙소에서 페퍼와 늘어지게 쉬다가 쉬엄쉬엄 마트에 가서 군것질거리를 사고, 공원을 산책하는 정도의 일정이면 충분했다.

그러나 이 작은 일정도 마음대로 되지 않는 것이 여행의 묘미라면 묘미였고, 고통이라면 고통이었다. 알고 보니 내가 묵던 숙소 규정은 날씨와 상관없이 아침 10시에 퇴실 후 오후 4-5시 입실이었다. 숙소 열쇠가 하나뿐이고, 스태프들의 개인 일정 때문이었다. 이런 규정이 있다는 사실을 숙소에 도착한 후에야 알게 되어서 처음에는 매우 당황스러웠다. 날씨만 좋

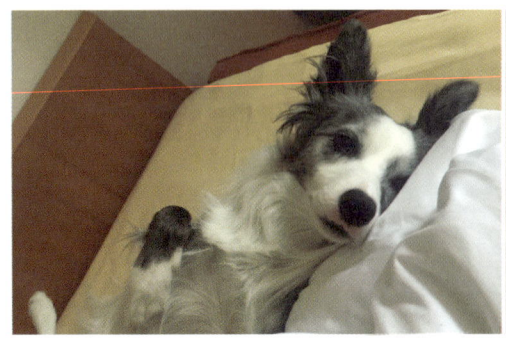

앉다면, 나 역시 어떻게든 스위스의 풍경을 즐겼을 것이고 이런 규정에 대해 불편함을 느끼지 않았을 것이다. 그러나 스위스에서 묵는 내내 날씨가 좋지 않아서 이 부분은 정말 불편한 문제였다.

또 하나의 불편함은 여럿이 함께 쓰는 숙소에서 내가 잠을 편하게 자지 못하는 인간임을 알게 되면서 생겼다. 여행의 피곤함을 일명 꿀잠으로 회복하고 싶은데, 이곳에서 내가 생각보다 소리에 예민하다는 사실을 새삼 깨달았다. 저녁에 페퍼를 안고 침대에 누워 눈을 감으면 마치 바로 옆에 있는 것처럼 문밖 사람들의 소리가 들리니 잠은 저 멀리 달아났고, 잠잘 시간을 놓치고 나니 또 뜬 눈으로 멀뚱멀뚱 보내는 시간이 길어졌다. 이렇게 두 가지 불편함에 대해 많은 고민을 한 후, 중대 결정을 내렸다. 나의 스위스 여행을 이렇게 끝낼 수는 없었기에 숙소를 바꾸기로 한 것이다.

이곳에 있는 사람들이 나에게 잘못을 한 것이 아니었다. 큰 문제가 생긴 것도 아니었다. 다만 직접 경험해보니 내가 이 숙소 분위기에 맞지 않는 사람이었던 것. 하지만 페퍼에게 베풀었던 호의를 생각하면 차마 숙소를 옮기겠다고 짐을 싸서 나올 수 없었다. 더욱이 내가 이곳에서 묵고 싶다고 연락했고, 그들은 흔쾌히 허락을 해주었다. 고민에 고민을 거듭해 찾은 답은 이중생활.

일단 숙소와 역에서 모두 가까운 반려동물 동반 가능 호텔을 다시 예약했다. 민박집에서 호텔은 걸어서 15분 정도 거리. 원래 숙소에서 갈아입을 옷 몇 가지와 필요한 것들을 간단하게 에코 백에 챙겨 나온 후 새로 예약한 호텔에 가서 체크인했다. 반려동물과 함께 묵는다고 하니, 동반 숙박

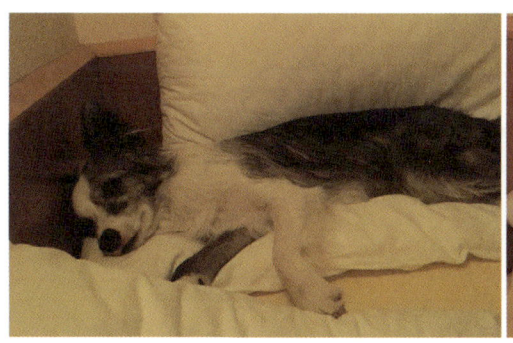 

이 되는 방으로 안내해주었다. 방은 아담했고 호텔답게 깔끔했다. 조식도 가능하고, 수영장도 있었다. 잠시 침대에 누워 호텔 방 천장을 바라보니 여기가 천국인가 싶었다. 이것이 나에게는 진정한 휴식이었다. 아주 오랜만에 페퍼와 뒹굴며 편안하고 조용한 상태로 푹신한 침대에서 낮잠을 자고, 여유 있게 하루를 보냈다. 그리고 저녁이 되자 저녁밥을 먹으러 레스토랑에 가는 느낌으로 민박집으로 돌아갔다. 저녁을 먹고 다시 페퍼와 호텔로 돌아가려는데, 스태프가 "페퍼랑 산책가시나 봐요!"라고 물었다. 살짝 당황했지만, 아무 일도 없다는 듯 웃으며 "네! 산책가요"라고 답했다.

호텔로 돌아와 스위스에 와서 처음으로 깊은 잠을 잤다. 말 그대로 꿀잠을 경험한 셈! 그렇게 푹 자고, 산뜻한 몸과 마음으로 아침 산책을 하며 민박집으로 돌아갔다. 아침으로 받은 민박집 샌드위치도 정말 맛있게 먹었다. 놓칠 수 없는 맛이라는 생각이 들 정도였다. 이런 생활을 이어가니, 아침에 페퍼와 민박집으로 들어가면 다들 "페퍼랑 아침 산책하고 오셨나 봐요!"라고 물었다. 나 역시 얼굴에 웃음을 띠며 "네 아침 산책 다녀왔어요 호호호"라고 답했다. 이후로도 나의 이중생활은 큰 문제 없이 계속되었다. 다들 내가 나가고, 들어오는 시간을 확인하는 것이 아니기 때문에 이중생활을 하고 있을 거라는 상상은 못 했을 것이다.

그들에게 피해를 주지 않고, 그들 역시 나에게 피해를 주지 않는 생활. 반겨주었던 마음에 속상함을 더하지 않았으니 다행이었다. 처음 그들에게 받았던 고마운 마음은 지금도 나에게 감사함으로 남아있다. 그것으로도 충분하다.

06 그린델발트의 추억

인터라켄에서 가장 유명한 것은 만년설이 있는 알프스산맥의 자연경관. 최고봉 융프라우와 007 영화 촬영지로도 유명한 쉴튼호른, 그림 같은 그린델발트 마을과 뮤렌 마을까지. 가고 싶은 곳이 정말 많았다. 계속 떨어지는 비를 보며 더 이상 시간을 지체할 수 없었다. 일단, 조금 보슬비가 떨어지긴 했지만 그린델발트에 가보기로 결정. 페퍼는 한국에서 가져온 우비를 장착하고, 나는 호텔에서 빌려주는 우산을 챙겨 산악열차를 타러 발걸음을 옮겼다.

비가 오는데도 많은 사람이 기차역에 있었다. 개들과 함께 멋진 산에 오르려는 사람들도 만났다. 모두 페퍼의 우비를 귀여워하고 부러워했다. 페퍼 용품 중 제일 잘 챙겨왔다고 생각하는 것을 고른다면 단연 올인원 수트 형태로 되어있는 우비였다. 완벽방수가 되기 때문에 어떤 상황에서라도 페퍼를 완벽 보호할 수 있는 아이템이었다.

스위스까지 여행 일정이 겹쳤던 친구와 함께 기차를 타기로 했다. 일정은 그린델발트에 가서 케이블카를 타고 피르스트에 올라보는 것. 그린델발트에 도착하니 다행히 보슬비가 내리던 날씨에서 해가 나오는 날씨가 되었다. 명화 속 장소 같은 풍경과 구름 틈 사이로 눈부신 햇살이 쏟아지니, 이곳은 말 그대로 동화 마을이 되었다. 보고 또 봐도 아쉬움이 남을 정도의 풍경과 마주하니, 눈에 가득 담는 것으로 모자라 끊임없이 셔터를 누르게 됐다. 더불어 풍경 속에 있는 페퍼의 모습을 보며 느끼게 되었다. 역시 그들은 아름다운 자연 속에 있는 모습이 가장 자연스럽고 눈부시다는 사실을.

143

07 함께이기에 충분한 의미, 피르스트

케이블카를 타고 피르스트에 오르는 길. 페퍼와 나는 다른 사람처럼 함께 매표소에서 줄을 서고 티켓을 사서 케이블카를 탔다. 오늘 일정에는 특별히 페퍼의 요금을 내야 하는 곳은 없었는데, 이렇게 함께 하고 있으니 마음이 잘 맞는 여행 친구가 늘 옆에 있는 기분이 들었다. 마치 페퍼가 사람이라도 된 느낌이랄까. 함께 케이블카를 타니 그런 느낌이 더 강했다. 사방에 펼쳐진 푸른 잔디, 저 멀리 보이는 높은 산봉우리들에 쌓여있는 만년설, 옹기종기 모여있는 집들과 알프스 하이디가 살 것 같은 공간, 한가롭게 풀을 뜯는 소들까지. 페퍼랑 나는 마치 짠 것처럼 같은 모습으로 눈 앞에 펼쳐진 장관을 보며 감탄했다. 이곳의 풍경에 반해 우리는 유리창에 찰싹 달라붙었다. 유리창에 콧기름을 묻히고 콧바람으로 창문이 하얗게 변할 정도로 얼굴을 바짝 대고 풍경을 감상했다. 내 개가 좋아하는 탁 트인 넓은 공간이 계속해서 펼쳐지자 페퍼를 바라보았다. '나는 저기서 언제 뛸 수 있는 거지?'라는 생각을 하는 것 같은 표정이었다.

드디어 피르스트에 도착. 이 풍경 속에 페퍼와 함께 있다는 게 또 한 번 믿어지지 않았다. 마치 파리에서 에펠탑을 처음 봤을 때처럼. 곳곳에 만년설이 쌓여있으니, 눈을 사랑하는 페퍼는 전속력으로 달려가 그대로 눈에 슬라이딩을 했다. 많은 사람들이 산행하며 지나다녔던 터라 그리 새하얗고 깨끗한 눈은 아니었지만 페퍼에게는 아무런 문제가 되지 않는 듯했다. 눈사람이 되고 싶은 듯 눈에 온몸을 비벼대며 대굴대굴 구르기도 했다. 그런 모습을 보고 있으니 '그렇게나 좋은 걸까?' 싶으면서 페퍼가 우습기도 하고 사랑스럽기도 해 웃음이 멈추지 않았다. 지나가던 사람들도 페퍼의 모습을 지나치지 못하고 함박웃음을 지으며 자신들의 카메라에 담아갔다. 이 귀여움으로 가득한 미친 개 같으니.

페퍼가 눈에 빠졌다면, 나는 케이블카에서 내릴 때 발견한 트로티 바이크에 빠졌다. 사람들은 바이크를 타고 경치를 구경하면서 그린델발트까지 하산하는 듯했다. 그 모습이 너무 재미있어 보여 결국 지나치지 못하고, 바이크를 타기로 결정. 그때 변덕스러운 보슬비가 다시 모습을 나타냈다. 어차피 페퍼는 우비를 입었고, 나도 트로티 바이크를 타면 빨리 내려갈 수 있으니 보슬비는 우리를 방해할 수 없었다. 나름 비를 맞으며 아름다운 스위스 산을 거니는 것도 얼마나 낭만적이고 소중한 경험인가 싶은 마음이었다.

바이크를 타는 내 뒤를 페퍼가 따라왔다. 우리는 그림 같은 풍경을 함께 느끼고, 바라보며 같이 달렸다. 간혹 페퍼가 꽃구경을 하고 딴청을 피우느라 나와 거리가 좀 멀어지기도 했지만 그럴 땐 서로를 기다려주고, 또 누가 빨리 가나 유치한 대결도 하며 그 시간을 온전히 즐겼다. 페퍼는 자신보다 큰 말이나 소 같은 동물을 무서워하는데 팔자 좋게 풀밭에 누워있던 소들이 페퍼를 보고 갑자기 단체로 우르르 몰려와 기겁을 하기도 했다. 펜스때문에 소들이 우리가 걷는 길로 나오지 못한다는 사실을 알 턱 없는 페퍼는 나를 따라오지도 못하고 '무섭다고! 못 간다고!' 어찌나 서럽게 소리를 지르던지! 그 모습이 지나치게 귀여워서 페퍼를 한 번에 도와주지 못했다.

154

그렇게 한바탕 웃던 중 갑자기 비가 거세져 주변 오두막 지붕 밑에 함께 몸을 숨겼다. 비가 조금이라도 그칠 때까지 앉아 기다리며 거대한 먹구름 속에서 후드득 떨어지는 빗소리를 들었다. 넓은 초원도, 들꽃이 가득한 이곳을 바라보는 시간도 행복했다. 말로 표현할 수 없을 만큼, 지나칠 정도로 행복했다.

사실 내 요구에 지붕 밑에 앉아 참고 기다리긴 했지만 페퍼에게 비가 내리고 몸이 젖는 것 따위가 그리 중요했을 리 없다. 페퍼는 비를 맞으며 풀과 들꽃 사이를 뛰어다녔다. 엉덩이를 쳐들고 같이 놀자 꼬드기기도 하고, 뛰어도 뛰어도 끝이 없는 이곳을 미친 듯이 달리기도 했다. 온 얼굴과 다리, 입혀놓은 우비마저 진흙탕과 비로 잔뜩 젖어 꼴은 엉망이었지만 행복한 표정을 보니 그것으로 충분했다. 지붕 아래 쪼그려 앉아 난장판이 된 페퍼의 모습을 바라보며 웃음이 터졌다. 그날 페퍼는 발바닥 패드가 다 까질 때까지 열심히 뛰어놀았다. 그리고 나는 더없이 행복한 추억을 마음 가득 선물 받았다. 그것으로 우리는 이곳에 온 충분한 의미를 얻었다.

08 개와 함께 한다는 것

스위스를 여행하며 '이곳에서 사는 개들은 천국에 살고 있구나!'라는 생각이 절로 들었다. 동네에 있는 산이 알프스산맥이라니. 우리나라에도 멋진 산이 있지만 그곳은 대부분 국립공원으로 지정되어있고, 국립공원은 개와 함께 갈 수 없다. 그렇기 때문에 우리나라에서는 멋진 경관을 개들과 함께 즐기는 게 불가능하다. 하지만 세계적 명산 알프스는 개들과 함께 갈 수 있다. 융프라우는 개들도 사람처럼 티켓을 사야 한다. 멋진 최고 봉우리에 오르기 위해 사람처럼 티켓을 사야 한다니. 무언가 가치를 느끼기 위해 대가를 지불해야 한다는 점이 합리적이라고 느껴졌다. 개의 권리도 보호받아야 한다고 말로만 하는 것이 아니라, 책임과 권리를 함께 가진 동물이라는 생각이 그들의 인식 속에 깊이 새겨져 있다는 증거 같았다. 특히 개들의 권리를 지키기 위해 견주들이 함께 노력해야 한다는 점도 매력적이었다. 개와 함께 삶을 즐기는 일에 대해, 함께 살아가는 것이 서로에게 행복이 되기 위해 "어떻게" 해야 하는지 생각하는 계기가 되었다.

09. 멋진 풍경, 차가운 날씨, 따뜻한 사람들로 기억되는 쉴트호른

스위스에 머무는 동안 매일 아침 날씨를 확인하는 습관이 생겼다. 마지막 날 비의 저주가 풀리기라도 한 듯, 아침에 눈을 뜨니 날씨가 너무 좋았다. 스위스는 워낙 날씨가 변덕스러워서 인터라켄에 유명한 산들의 날씨를 확인할 수 있는 사이트가 있다. 당장 사이트에 접속해 융프라우 날씨를 확인했다. 그러나 화창한 날씨임에도 융프라우는 흐려서 한 치 앞도 보이지 않는단다. 올라가는 비용도 만만치 않은데, 날씨가 흐려 아무것도 볼 수 없다면 굳이 그곳에 갈 이유가 없었다.

융프라우 다음으로 가고 싶었던 쉴튼호른의 날씨를 확인하니, 구름이 살짝 있기는 하지만 푸른 하늘이 보이고 괜찮아 보였다. 목적지는 쉴튼호른으로 결정! 서둘러 준비를 마치고 그곳으로 향했다. 날씨가 좋으니 걸어가는 모든 길이 행복하고, 발걸음도 가볍게 느껴졌다. 산악기차와 버스, 케이블카를 타고 인터라켄에서처럼 말도 안 되는 풍경을 느끼면서 쉴튼호른에 가까이 가고 있었다.

함께 케이블카와 버스를 탔던 사람들 모두 페퍼를 어찌나 흐뭇하게 쳐다보던지. 페퍼는 어느새 대중교통 탑승 고수가 되어 있었다. 버스에 타면 내 발밑에 자리 잡고 척 엎드리고, 기차를 타면 내 옆에 딱 앉아서 기다린다. 처음에 기차를 탔을 때는 맨바닥이 어색하고 불편한지 자꾸 의자 위로 올라오려 했지만, 이제는 바닥에 대자로 누워서 세상모르고 잘 정도가 됐다. 개들도 새로운 경험을 하며 성장하는 건 사람이랑 똑같은가 보다. 마지막 케이블카에서 페퍼에게 바깥 풍경을 보여주고 싶어 페퍼를 안아 올렸다. 13kg의 개를 안는 건 쉬운 일은 아니지만, 순간 초인적 힘을 발휘했다. 페퍼와 아래 펼쳐진 거대한 자연을 함께 바라보았다. 두리번 거리며

창밖을 바라보는 페퍼. '너는 지금 이 순간 무슨 생각을 하고 있을까? 너 역시 행복하고, 새롭고, 설레고, 즐거울까?'라는 궁금증이 들었다. 페퍼와 여행을 할수록 개들도 분명 자연 속에서 아름다움과 행복을 느낀다는 믿음이 커졌다. 그들도 느끼고 있다. 비록 그들이 무슨 생각을 하는지 정확하게 알 수 없지만, 그들의 행복한 얼굴을 보면 하나만은 확신할 수 있다. 개들에게도 행복이란 감정이 있다는 것을.

이런저런 생각을 하는 사이 쉴튼호른에 도착했다. 케이블카에서 내리자 인터라켄과는 또 다른 모습이 펼쳐졌다. 만년설을 입고 있는 산봉우리들. 스위스에 와서 처음 보는 파란 하늘도 반가웠다. 영화 007 촬영지로도 유명한 쉴튼호른은 따뜻한 아래쪽과는 달리 패딩 점퍼를 입어야 할 만큼 차가운 공기와 눈이 가득 쌓여있는 곳이다.

이곳에서 개를 데리고 여행하는 동양 여자는 생각보다 눈에 띄는 존재인 듯했다. 거기다 페퍼의 털 코트가 그렇게 흔하지 않아서인지 한 번 본 사람들은 대부분 우리를 기억했다. 쉴튼호른 전망대를 구경하고, 안쪽에서 잠시 쉬고 있는데 그린델발트에서 페퍼가 등산하는 모습을 본 한국인 여행자들이 인사를 건네왔다. 여행하는 내내 우리는 많은 사람들을 만났고, 그들은 오며 가며 페퍼를 알아보고 인사해주었다. 먼 외국에서 내 개를 알아보고, 예뻐해 주는 사람들의 모습이 나에게도 기분 좋은 응원이 되었다. 더불어 그들에게도 여행 중 페퍼를 만난 것이 즐거운 기억으로 남았으면 하는 바람이었다. 앞으로 쉴튼호른은 007 촬영지가 아닌 멋진 풍경, 차가운 날씨, 따뜻한 사람들의 인사가 함께하는 장소로 기억에 남을 것 같다. 물론 행복한 페퍼의 얼굴도 함께!

PART 4

아무리 울어봐도 소용 없어!

> 01
>
> 이제는 이탈리아!

스위스에서의 꿈같은 시간을 뒤로하고 이탈리아로 향하는 날. 여태까지 수많은 고난을 경험하게 해준 기차였지만, 이탈리아로 향하는 길에서는 그런 것들과 이별했다. 유럽에서의 모든 기차여행 중 제일 계획적이고 안전한 여정이었으니까.

이탈리아는 프랑스나 스위스보다 까다롭게 페퍼의 정보를 확인했다. 한 번은 페퍼의 티켓을 구매하지 않은 채 탑승한 적이 있었다. 승무원이 내 티켓을 검사한 후, 페퍼의 티켓과 강아지 여권을 요구했다. 티켓 한 장 값에 페퍼의 것까지 포함된 줄 알았는데 그게 아니었던 것. 혹시나 기차에서 내리라고 하거나 벌금을 내게 되는 것은 아닐까 걱정했는데, 다행히 신용카드로 바로 결제할 수 있었다. 기차의 저주 3탄까지는 경험하지 않아 어찌나 다행이던지. 페퍼의 티켓 값 사건은 큰 문제 없이 잘 해결되었다.

여러 경험을 통해 알게 된 사실이 있다면, 이탈리아를 여행할 때에는 강아지 여권이 필요하다는 것. 다른 나라에서 한 번도 요구받지 않았는데, 이탈리아에서는 티켓을 사거나 검사할 때 항상 여권을 요구했다. 유럽 국가의 경우 동물병원에서 강아지 여권을 발급받을 수 있으며, 여권에는 예방접종에 대한 내용이나 국적 등 반려견에 대한 정보가 적혀 있다. 우리는 여행자라 따로 발급받을 생각을 못 했는데, 매표소 직원이 단호한 표정으로 페퍼의 여권을 요구해 좀 당황했다. 어쩔 줄 모르는 상태로 있다 잠시 정지되었던 사고 회로가 가방에 있는 검역서류를 생각해 냈다. 여권은 없지만 검역서류가 있다며 영문으로 된 서류를 내밀었다. 매표소 직원은 서류를 유심히 보다가 다른 직원에게 건네며 이야기를 나누기 시작했다. 그 모습을 보니 다시 긴장이 되었다. '강아지 여권이 없으면 이탈리아에서 페

퍼가 기차를 못 타는 게 아닐까? 그러면 여행 계획이 전부 틀어지는데…' 등 짧은 순간 수많은 걱정이 머릿속을 지나갔다. 다행스럽게도 그녀의 입에서 나온 말은 "ok. Perfect!"였다.

사람은 적응의 동물이라는 말에 새삼 고개를 끄덕이는 체험이 나에게는 유럽의 기차였다. 프랑스에서 스위스로 올 때 악몽 같은 기억이 추억이 되었고, 이탈리아로 향하는 기차 환승역에서는 비 내리는 풍경까지 감상할 정도로 여유가 생겼다. 꽤 오랜만에 기차를 타는 대도 긴장보다는 나라마다 역의 분위기가 달라지는 것에 흥미를 느낄 만큼 마음이 여유로워졌다. 더욱이 내가 방문했던 곳들은 사람들이 개에게 호의적이라는 공통점을 가지고 있었다. 어떤 공간이든지 페퍼와 함께 걷는 것에 눈치를 보지 않아도 된다는 점은 별 것 아닌 것 같아도 우리를 참 행복하게 만들어주었다. 덕분에 페퍼도 늘 밝은 표정으로 나와 함께 여행을 즐길 수 있었던 게 아닐까.

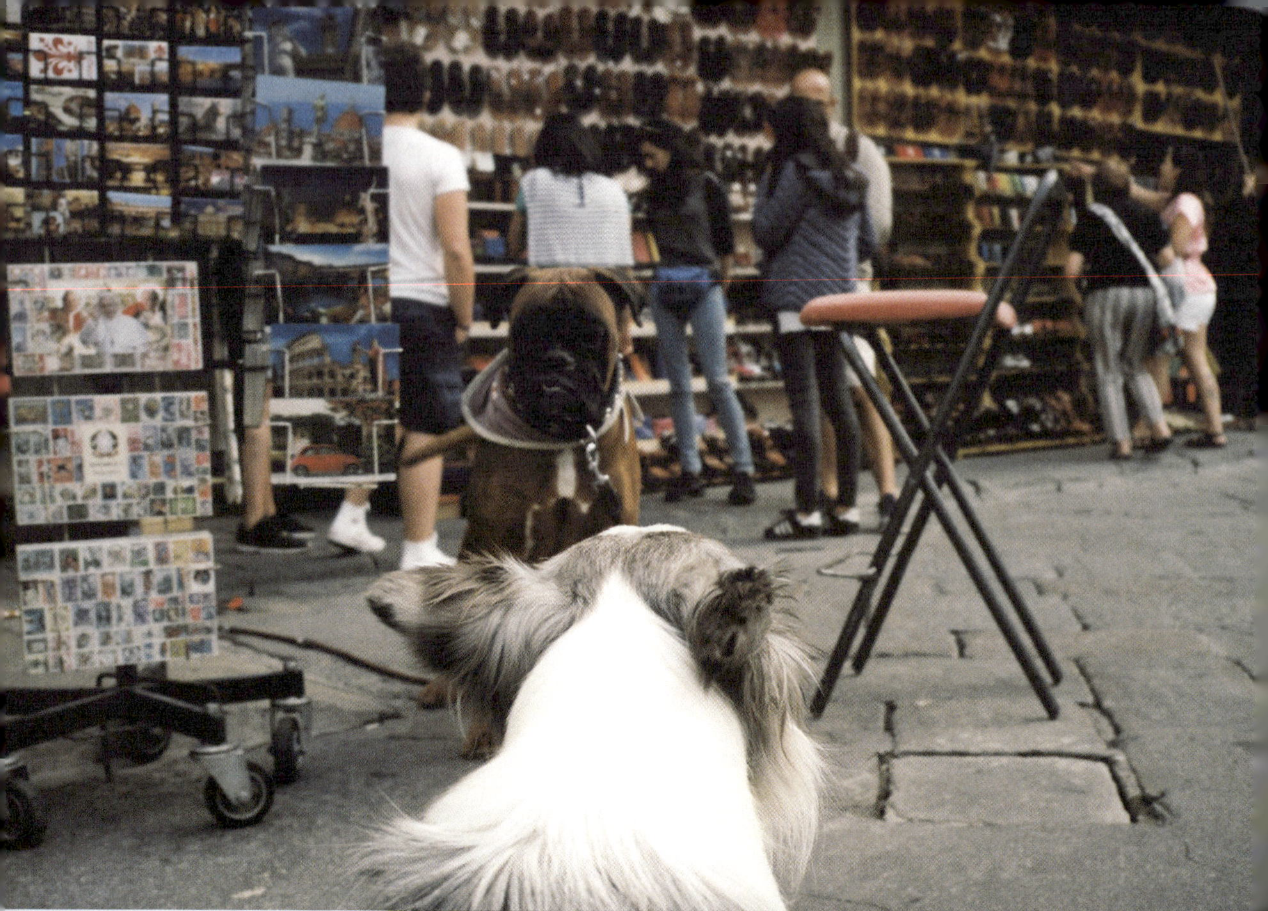

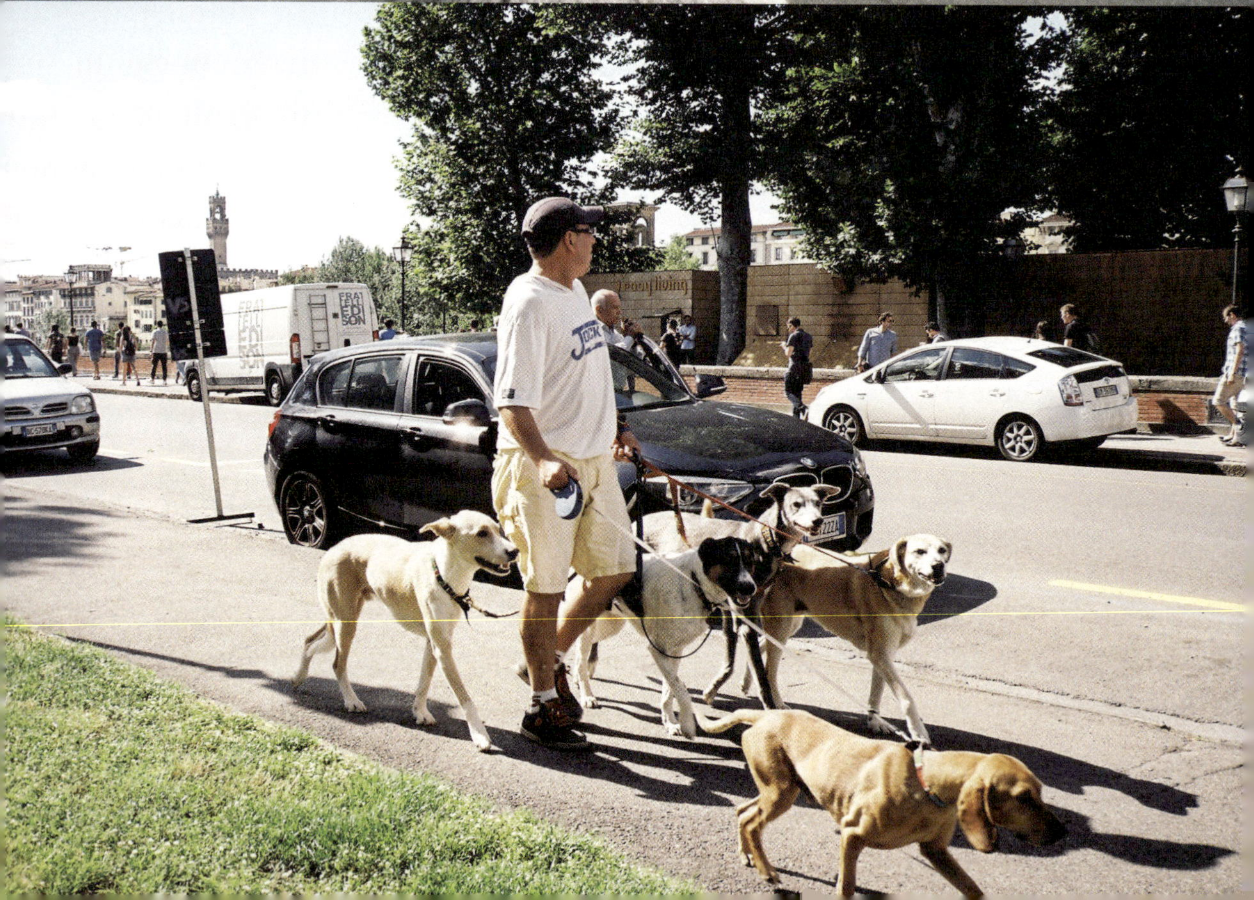

02 피렌체와의 첫 만남

밀라노를 거쳐 피렌체로 향하는 길. 페퍼의 표정이 밝았다. 개들은 생각보다 상황에 대한 눈치가 빠른 동물인 것 같다. 내가 여유로우니 페퍼의 표정에도 여유가 생겼다. 사실 페퍼는 늘 상황을 민감하게 인지하는 개이다. 집에서도 뭔가 분주하게 짐을 챙기고, 옷을 입고 외출 준비를 시작하면 자기가 더 들뜬 몸짓으로 나를 졸졸졸 쫓아다닌다. 그러다 어디선가 자기 목줄을 물고 와서는 내 앞에 툭 던져 놓기도 한다. 신발을 신을 때는 냉큼 현관문 앞으로 달려와 주둥이를 쭉 내밀고 문이 열리기만 기다리며 발을 동동거린다. 이런 모습을 보면서 이들에게도 외출이나 여행은 즐거운 일이라는 확신이 들었다.

그렇게 페퍼와 대화하며(실제 말을 하는 것은 아니지만, 감정을 공유하면 대화하는 것과 다르지 않다) 드디어 피렌체역에 도착했다. 역 밖으로 나오니, 다른 나라들과 비교해 확실히 더웠다. 훅 느껴지는 더운 공기에 '피렌체에 왔구나' 싶었다. 스위스는 선선한 날씨였는데 몇 시간 기차를 타고 이동했다고 이렇게 더워지다니. 그것마저도 신기했다.

여행 중반에 들어서니 한 손으로 페퍼 목줄을 묶은 큰 캐리어를 끌고, 한 손으로 휴대폰 지도를 보면서 호텔을 찾아갈 수 있는 기술도 생겼다. 호텔로 가는 길 중간중간 무엇이 있는지도 둘러봤다. 괜찮은 빵집도 있고, 레스토랑도 있었다. 유명한 피렌체 가죽 시장도 있고, 페퍼 간식이나 용품을 살 수 있는 애견용품 매장도 보였다.

그런데 이탈리아는 왜 이렇게 골목이 좁고 돌길인지. 덕분에 무겁고 큰 캐리어를 끌고 가다 발로 걸어차고 싶은 충동을 수십 번 느꼈다. 분노를

조절하며 길을 걷다 보니 마주친 사람들이 전부 화려하게 멋을 내고 있었다. 알고 보니 패션의 도시답게 이날 피렌체에서 '피티워모'라는 세계 최대 남성복 박람회가 열렸다고 한다. 덕분에 잔뜩 멋을 낸 사람들로 거리는 북적북적했다. 물론 개와 함께인 사람도 많았다. 행사장에도 함께 참여하는 유럽 개들의 삶이라니. 사는 나라, 장소, 만나게 된 주인에 따라 너무도 다른 개들의 삶을 생각하다 보니 어느새 호텔에 도착했다.

작은 테라스가 있고, 아담한 방과 욕조에서 이탈리아의 느낌을 풍기는 호텔이 마음에 들었다. 마음에 드는 호텔 방 덕분에 기분도 좋아졌으니, 나가서 본격적으로 피렌체를 즐기기로 했다. 첫 경험으로 피렌체 거리를 산책하며, 미켈란젤로 광장까지 가보는 일정을 선택했다. 정확히 어디인지도 모른 채 페퍼와 걷기 시작했고, 걷다 보니 너무 더워서 어느 옷 가게에 들어가 얇은 원피스를 사 입었다. 털 옷을 입은 페퍼도 많이 덥겠지. 최대한 그늘로 다니며 무거워도 물을 꼭 가지고 다녔다. 조금은 더위와 사투를 벌여야 했지만 골목 골목을 구경하며 걷는 그 시간이 참 좋았다.

03 완벽한 나의 털북숭이 친구, 페퍼

시뇨리아 광장에 앉아 젤라토를 나눠 먹으며 쉬고 있는데 페퍼가 갑자기 근처에 앉은 나와 비슷한 또래의 여자에게 가더니 엉덩이를 들이대고 털썩 앉았다. '쟤가 저 사람을 언제 봤다고 친한 척이지?' 그녀도 혼자였는데 처음에 힐끔힐끔 서로 눈만 마주치다가 페퍼의 돌발 행동에 어색했던 공기를 지우고 얼굴을 마주 보며 웃어버렸다. 페퍼 덕에 혼자 여행 중이라는 그녀와 몇 마디 나눌 수 있었다. 페퍼는 가끔 친구도 만들어주는 신기한 개라는 생각을 짧게 했다. 역시 이 털북숭이 친구는 완벽하다.

그녀와 인사를 나누고, 시뇨리아 광장을 지나 계속 걷다가 골목 사이로 나를 압도하는 우뚝 솟은 어떤 건물을 만나게 되었다. 두오모 성당이었다. 사진으로만 봤던 두오모 성당을 실제로 보니 훨씬 웅장하고 아름다웠다. 페퍼가 있어서 안에 들어가 보지는 못했지만, 외관만 봐도 충분히 행복했다. 두오모 성당 앞에 악기를 연주하는 사람들이 있었는데 페퍼와 성당 앞을 왔다 갔다 하니 눈에 익었는지 이름을 물어봐 주었다. 자꾸 페페라고 부르기는 했지만, 내 친구를 예뻐해 주고 친근하게 대해주었으며 함께 사진을 찍기도 했다. 유쾌하게 포즈까지 지어주던 아저씨들. 그분들의 연주 덕에 이 거리가 더 아름답게 느껴졌고, 페퍼 덕분에 그 마음을 그들에게 전할 수 있어 좋았다.

다음에는 버스를 타고 미켈란젤로 언덕으로 향했다. 사실 여행을 하면서 유럽의 대중교통이 너무 편하고 쉬워졌다. 이번에도 역시나 편안하게 버스 탑승! 미켈란젤로 언덕 바로 앞에 내려주는 버스를 탄 덕분에 내리자마자 미켈란젤로 광장을 만났다. 피렌체가 훤히 내려다보이는 뻥 뚫린 풍경에 그림 같은 하늘까지. 이곳에서는 꼭 페퍼와 사진을 남기고 싶었다.

　　마침 미국계 베트남 가족들이 옆을 지나갔고, 그중 한 여자아이가 유독 페퍼를 예뻐했다. 함께 여행 왔냐고 묻기에 그렇다고 하자 진심으로 부러워하던 그녀. 가족들끼리 여행하는데 어쩔 수 없이 강아지를 맡기고 와서 내가 너무 부럽고 멋지다고 방방 뛰었다. 개 사랑이 넘치는 그녀는 나를 만나 신났는지 휴대폰에 있는 강아지 사진을 보여주며 자랑했다. 그녀의 강아지는 귀여운 시츄였다. 그리고 살갑게도 이 아름다운 곳에서 페퍼와 함께 사진을 남겨야 한다며 열심히 우리의 사진을 찍어줬다. 지금까지 사진을 찍어주었던 사람들과는 달리 이렇게 저렇게 여러 장 찍더니 맘에 드냐는 에프터 서비스 멘트까지 날려주었다. 그 열정 덕분에 그녀가 찍어준 사진은 처음으로 마음에 드는 '외국인이 찍어준 사진'이 되었다.

　　언덕 계단을 조금 내려오니 슬슬 배가 고파지기 시작했다. 이 환상적인 뷰를 보면서 식사할 수 있다는 생각에 주변 레스토랑에 들어가 파스타 한 접시를 시켰다. 아무 데나 들어간 거라 맛은 크게 기대하지 않았는데, 살면서 먹었던 파스타 중 제일 꿈 같은 맛을 경험했다. 이곳이 정말 이탈리아라는 사실을 새삼 깨닫게 되는 순간이었다.

식사 후 페퍼와 근처를 돌아보는데 어디서 강아지 한 마리가 페퍼에게 쪼르르 뛰어왔다. 목걸이에 쓰여 있는 이름 '제우스'. 까맣고 늘씬한 몸의 제우스는 페퍼에게 다가와 호감을 보였다. 페퍼는 낯선 피렌체 친구를 보고 당황한 듯했지만, 금세 코드가 맞는지 우다다다 사방을 뛰어다니기 시작했다. 둘이 미친 듯이 노는 모습에 주변 사람들의 웃음이 터져 나왔다. 그때 누군가가 제우스 이름을 부르니 제우스가 쪼르르 목소리가 있는 곳으로 달려갔다. 알고 보니 제우스는 근처 유료 화장실 앞을 지키는 친구였다. 유럽에는 대부분 공중 화장실이 유료인데, 제우스의 주인은 그 앞에서 계산을 하는 사람인 듯했다. 화장실 앞에 가보니 제우스의 물그릇과 쿠션까지 있었다. 아마도 같이 출퇴근을 하는 모양이었다. 이런 멋진 뷰를 가진 곳의 화장실 지킴이라니. 마냥 사랑스러웠다. 제우스의 견주가 페퍼와 나를 보고 인사했다. 역시 개 주인끼리는 국적 불문 반가운 사이인가 보다.

그날, 호텔에 돌아가 하루를 돌아보니 페퍼는 작지만, 어느 공간에서도 그곳의 공기를 바꿀 수 있는 큰 힘을 가진 존재라는 생각이 들었다. 지금 이 순간, 찰나이긴 하지만 같은 공간에서 같은 기억을 갖게 된 이들. 앞으로 살아가면서 이 여행에서 내 옆을 스쳐간 많은 사람들을 다시 볼 수 있는 일은 없을지 모른다. 아니, 아마 없을 것이다. 페퍼가 아니었다면 시간이 지나 기억조차 나지 않을 사람들. 그러나 우리는 눈을 마주치고, 인사를 건네고, 서로의 이야기를 나누며 기억 한 편에 온전한 추억으로 남길 수 있는 만남을 가졌다. 그 기회를 준 것은 나의 털북숭이 친구, 페퍼이다. 역시 페퍼는 엄청난 힘을 가진 개가 분명하다.

04
앞으로의 일은 모른 채 만끽한 여유

역시 이탈리아는 달랐다. 우선 지금까지 여행한 곳들과 비교되는 푹푹 찌는 더위가 가장 다른 점이었다. 한낮이면 에어컨이 시원하게 나오는 방에서 한 걸음도 나가고 싶지 않았다. 그러다 이탈리아임을 깨닫고(매일 사는 이곳의 시민이 아니라 여행자의 신분임을 동시에 깨달으며) 바깥으로 나가면 물이나 아이스크림만 잔뜩 먹고 그늘만 찾다가 결국 다시 실내로 들어오곤 했다.

두 번째 차이라면 도시 자체가 하나의 거대한 박물관이자 유적지이고, 어디를 가도 몇 천 년의 의미를 가진 문화재가 있다는 사실이었다. 이탈리아 곳곳에서 수많은 사람들이 뭉쳐 있는 모습을 볼 수 있다. 그 와중에 나의 가장 큰 관심사는 역시 페퍼와 함께할 수 있는 곳! 이탈리아에서 개와 함께 즐길 수 있는 곳은 생각보다 많지 않았다.

적은 곳 중 눈에 띄는 장소는 보르게세 공원이었다. 보르게세 공원은 로마에서 제일 큰 공원으로, 오랜 역사를 간직한 곳이다. 원래 포도밭이었는데 1605년, 시피오네 보르게세 추기경과 그의 조카 교황 바오로 5세가 그

시절의 유명한 건축가들을 데려와 공원으로 만들었다. 분수, 동물원, 야외 공연장까지 갖춰져 있어 볼 것도 많고 넓으며 한적하다.

    정오를 살짝 피해 페퍼와 함께 공원으로 향했다. 가는 길에는 높은 빌라들 덕분에 그늘이 많아서 더위를 피할 수 있었다. 또한 어디를 가도 어마어마한 인파를 만났던 로마에서 오랜만에 한적한 여유를 즐길 수 있어 기분이 좋았다. 페퍼의 발걸음도 가볍고, 표정도 행복해 보였다. 물론 조금 당황스러운 일이 있기도 했다. 한 여자아이가 페퍼를 보고 가방을 던진 것. 페퍼가 맞지 않았고, 낯선 곳에서 작은 소동에 하나씩 반응하며 일을 키우면 위험할 수 있어 무시하고 지나쳤지만 울컥하는 마음이 들긴 했다. 그 일만 빼면 아주 완벽한 하루가 이어지고 있었다.

186

05 지옥을 경험한 로마에서의 하루

과일 샐러드를 하나 사서 도착한 보르게세 공원에는 이미 많은 개 친구들이 주인과 함께 산책 중이었다. 피크닉을 나온 가족들도 있고, 독서를 하러 나온 사람들, 연인들 모두 평화롭고 행복해 보였다. 페퍼는 평소에도 공원에 가면 나뭇가지를 물고 와 던져달라고 했고, 던져주면 신나서 뛰어가 가져오곤 했다. 이번에도 나뭇가지를 물고 오기에 휙 던져주니 너무나도 신이 나 땅에 떨어지는 나뭇가지를 잡으려고 슬라이딩을 했다. 그때 얼굴에 흙이 많이 튀었는데, 갑자기 놀란 모양이었다. 귀를 접고 꼬리를 감춘 채 나에게 쪼르르 달려오는데, 얼굴과 입속이 흙으로 가득했다.

평소에 개는 개답게, 개다울 때 가장 자연스럽고 행복하다고 생각해 상당히 강하게 키우는 편이었다. 이 정도 흙이 튀었다고 놀라거나 주눅 들 아이가 아니기 때문에 페퍼의 행동이 살짝 당황스러웠다. 놀란 페퍼 얼굴에서 흙을 털어주고 달래며 산책을 했는데, 페퍼의 컨디션이 급속도로 나빠지는 듯했다. 발걸음도 평소처럼 생기 넘치지 않고 터덜터덜 지쳐 보였다. 나는 호텔로 다시 돌아가기로 했다. 그 길에도 페퍼는 계속 기운이 없어 보였다. '왜 그럴까.' 얼른 돌아가서 쉬어야겠다는 생각으로 발걸음을 재촉했다.

호텔 방에 들어서서 페퍼를 침대에 올린 후 물을 먹이려 했다. 그런데 페퍼가 고개를 돌리는 것. 보통은 외출 후에 물을 꼭 먹는데 이상했다. 혹시나 해서 사료도 줬는데 역시나 고개를 돌려 버렸다. 무언가 이상함을 감지하고, 얼음이 된 채 말없이 페퍼를 주시했다. 가만히 엎드려 있는 페퍼의 호흡이 거칠었다. 귀는 접혀 있고, 눈은 반쯤 감겨서 졸린 것처럼 보였다. 입속에는 거품이 가득했고 침이 흐르기도 했다. 그때부터 제정신이 아니었던 것 같다. 입 주변에 있는 침을 닦다가 갑자기 여행 가방을 뒤져 페퍼가 제일 좋아하는 장난감을 꺼내 흔들었다. 평소의 페퍼라면 반짝이는 눈으로 놀고 싶어 안달이 나야 했다. 하지만 페퍼는 내가 흔들고 있는 장난감을 쳐다만 볼 뿐 힘없이 고개를 떨궜다. 페퍼가 장난감을 물거라는 희망으로 장난감을 페퍼 쪽으로 던져봤다. 나의 간절함과는 달리 페퍼는 아무런 반응이 없었다. 페퍼의 움직임이 현저히 줄어들고 호흡이 점점 빨라졌다. 나는 이미 울고 있었다.

어떡해야 좋을지 몰랐다. 그저 발만 동동 구르며 초조해할 뿐. 이곳은 오후 8시가 다 돼가는 시간이었다. 더욱이 근처에 동물병원이 있는지, 있다면 몇 시까지 하는지, 지금 가도 진료를 받을 수 있는지, 페퍼에게 무슨 일이 생긴 건지 알 수 있는 것이 거의 없었다. 순식간에 나를 향해 다가오는 이런저런 막막함과 두려움으로 인해 눈물이 멈추지 않았다.

그렇다고 이대로 있을 수만도 없었다. 번역기를 이용해 '강아지가 숨쉬기 힘들어해요. 근처에 동물병원이 있나요?'라는 문장을 완성하고 프런트에 도움을 청하기로 했다. 페퍼를 혼자 호텔 방에 두고 나간 사이에 혹시나 더 나쁜 상황이 오면 어쩌나 싶은 불안을 애써 떨치며 눈물범벅이 된 얼굴로 프런트를 향해 뛰었다. 프런트 직원은 내 얼굴에 놀라고 내가 보여준 번역된 글에 더 놀라 토끼 눈이 되었다. 강아지가 어디 있는지 물어서 방으로 다시 뛰어가 페퍼를 데리고 프런트로 나갔다. 호텔 직원들이 전부 몰려들어 좀처럼 진정하지 못하는 나를 안심시켰다. 괜찮을 거라며 근처에 있는 동물병원에 전화해주고, 택시를 불러주겠다고 했다. 개를 잘 안다는 또 다른 직원을 부르기도 하고, "별일 없을 거다. 페퍼는 괜찮을 거야."라며 옆에 앉아 나를 진정시켜주기도 했다.

좀처럼 택시가 오지 않자 남자 직원 두 명이 택시 정거장에 데려다 주기로 했다. 한 명이 페퍼를 번쩍 안고 달리기 시작했다. 테르미니역 근처라서 그 앞 택시정거장으로 가려는 모양이었다. 사람들이 워낙 많은 역 앞이라 택시를 기다리는 줄이 길었다. 호텔 직원들이 상황을 설명하자 한 젊은 택시 기사가 얼른 타라고 손짓했다. 페퍼와 나는 택시에 탑승했고, 남자 직원은 호텔 명함을 쥐어주며 혹시 말이 통하지 않거나 어려움이 있으면 전화하라고 말해줬다. 그렇게 택시는 동물병원으로 달리기 시작했다.

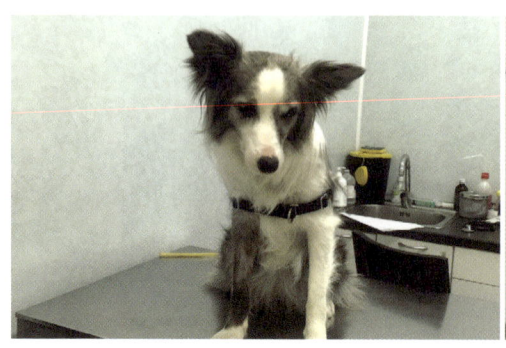

택시 기사는 계속 뒤를 돌아보며 페퍼의 상황을 확인하고 신호가 걸리면 중얼중얼 욕을 하는 듯했다. 그만큼 다급해 보였다. 그는 역주행까지 하며 나를 빠르게 동물병원으로 데려다줬다. 울고 있는 내가 주섬주섬 지갑에서 돈을 꺼내려 하자 손을 흔들며 괜찮다고 했다. 기사는 동물병원 문 앞까지 우리를 데려다주고 어깨를 토닥거리며 엄지를 치켜세웠다. 괜찮을 거라고.

동물병원에 들어서자 풍채 좋고 인자하게 생긴 선생님과 간호사가 기다리고 있었다. 이미 호텔 측과 통화를 해서 대충 상황을 아는 듯했다. 하지만 자세한 설명을 해야 했고, 선생님과 나는 컴퓨터에 번역기 창을 띄워놓고 대화를 시작했다. 지금까지 페퍼와 여행 중이었고 파리를 거쳐 스위스에서 넘어왔다고. 번역기가 완벽한 게 아니라 가끔 이해할 수 없는 말도 있었지만, 서로 눈치껏 알아들으며 진료를 이어갔다. 페퍼는 피검사와 폐 쪽 엑스레이 촬영을 했다. 체온을 쟀는데 열이 꽤 높아 열을 내리는 주사도 맞았다. 결과적으로는 감기와 폐렴 사이인 듯했다. 파리와 스위스에서는 비가 오고 선선한 날씨였는데 이탈리아로 넘어오면서 갑자기 더워진 날씨와 호텔에서 틀어주는 에어컨으로 인한 기온 차이로 감기에 걸린 것이다. 얼추 병명은 알았지만 그래도 너무 불안한 나머지 번역기에 이렇게 적었다.

'페퍼가 죽을 수도 있나요?'

코르테시 선생님은 천천히 읽어보더니 번역기에 이렇게 글을 적었다.

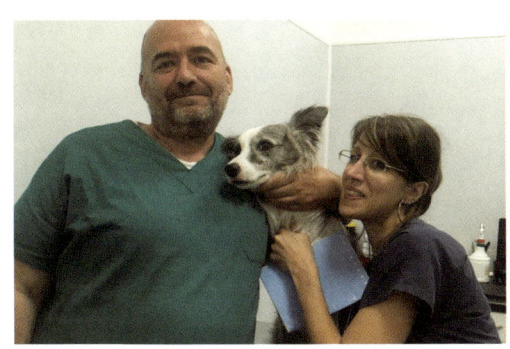
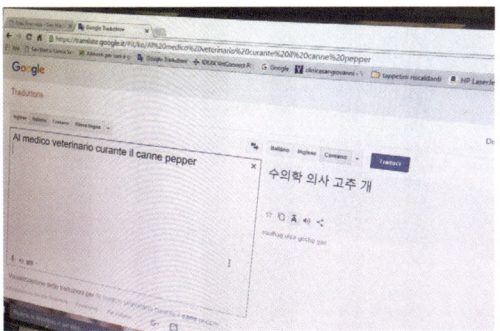

'그런 생각은 하지 않도록 합니다.'

코르테시 선생님은 혹시 한국에 돌아갈 필요가 있을 수 있다며 엑스레이 촬영 사진을 CD에 담아주었고, 이탈리아어로 된 처방전과 나를 위해 번역된 처방전을 프린트해주었다. 한국에서는 동물병원에서 바로 약을 제조해주지만, 이탈리아에서는 일반 약국에 가서 동물 약을 처방받는 시스템이었다. 그래서 다음 날 아침 약국에 가서 페퍼의 약을 처방받아야 했다. 페퍼가 주사를 맞는 동안 선생님이 프린트해준 처방전을 찬찬히 읽어보았다. 내용을 완벽하게 이해하기 어려웠지만 이 심각하고 놀란 와중에도 어느 한 부분을 발견하고는 웃음이 피식 나왔다. 처방전에 있는 페퍼의 이름이 '고추개'라고 번역되었던 것. '페퍼'를 이탈리아어로 쓰고 한국말로 번역을 하니 '고추개'라는 상당히 강한 단어로 변해있었던 것이다. 이후에 페퍼의 별명은 자연스럽게 고추개가 되어버렸다.

병원비는 응급시간이었는데도 140유로 정도 나왔다. 예상보다는 저렴했고, 한국과 크게 차이가 없었다. 친절한 코르테시 선생님과 간호사 덕분에 한결 마음이 나아졌고 병원에서 불러준 택시를 타고 다시 호텔로 향했다. 호텔로 들어서자 프런트에 있던 직원들이 페퍼가 괜찮은지 진심으로 걱정하며 물었다. 몇 시간 전만 해도 눈물 콧물 다 흘리며 만신창이 얼굴로 호텔을 뒤집어놨던 여자가 미소를 띠며 괜찮다고 말하자 안심하고 다행이라고 말해준 고마운 사람들.

다음 날 아침, 눈을 뜨자마자 약국으로 향했다. 약국에서 동물 약과 사람 약을 함께 파는 것이 신기하고 생소했다. 처방전을 보여주자 약사는 자연스럽게 약을 처방해주었고, 약을 먹이는 방법도 자세히 설명해줬다. 호텔에 돌아와서 바로 페퍼에게 약을 먹이고 온종일 요양하는 시간을 가졌다. 다행히 페퍼의 행동이나 반응이 점점 생기를 찾았다. 장난감을 가지고 와서 놀아달라고 보채기도 하고 장난을 걸기도 했다. 밥도 잘 먹었다. 낯선 곳에서 지옥에 다녀오게 했던 나의 고추개가 원래의 털북숭이로 돌아오고 있었다.

    그때야 마음이 놓이면서 지난 하루 동안 페퍼와 나를 도와줬던 사람들이 떠올랐다. 그 사람들이 아니었다면 페퍼는 이 낯선 도시에서 어떻게 되었을까? 호텔 직원분들과 택시 기사님 그리고 코르테시 선생님과 간호사 선생님. 모두 모두 너무 감사한 마음뿐이다. 사실 로마라는 도시 자체는 나에게 큰 감동을 주는 곳이 아니었다. 하지만 그 도시에서 사는 사람들은 나에게 엄청난 감동을 주었다. 다른 시선으로 바라보면 잘 모르는 개 한 마리가 아팠을 뿐인데, 모두 나와 같은 마음이 되어 도와주었다. 아마도 이 사람들이 사는 도시 로마를 평생 잊지 못할 것 같다.

194

06 포지타노로 가는 길

여행도 어느새 마지막을 향하고 있었다. 우리의 마지막 도시는 포지타노. 로마에서 크게 아팠던 페퍼는 이틀 동안 아무런 일정 없이, 아침저녁 간단한 산책만 하고 잠도 푹 자고, 약도 잘 챙겨 먹더니 다행히 건강을 되찾았다. 덕분에 우리의 여행은 계획대로 이어질 수 있었다. 포지타노로 가는 날, 여유 시간을 길게 두고 역으로 향했다. 이미 여러 번 경험한 실수를 되풀이하고 싶지는 않았으니까. 로마에서 살레르노역까지 기차를 타고 간 후 페리로 환승해 포지타노로 가야 했다. 기차와 페리 모두 페퍼의 요금을 별도로 내야 탑승이 가능하다.

이탈리아는 개와 함께 기차에 탑승하는 것이 프랑스나 스위스보다 더 까다로웠다. 페퍼는 유럽의 강아지들처럼 여권을 가지고 있지 않기 때문에 검역 서류를 항상 챙겼다. 좀 번거롭긴 했지만 결과적으로 정말 잘한 일이었다. 이탈리아에서 표를 살 때마다 매번 강아지 여권을 요구했고, 그때마다 검역 서류로 대체할 수 있었다. 기차에 탑승해서도 기차표를 칼같이 검사했다. 만약 강아지와 이탈리아 여행을 계획 중이라면 검역 서류를 내 개와 한 몸처럼 생각하고 반드시 챙겨야 한다.

페퍼 티켓을 사기 위해 번호표를 뽑고 기다리는데 작은 칼을 들고 관광객들 주위를 서성거리는 무서운 이탈리아 남자를 봤다. '저 칼로 가방을 찢어서 지갑이나 휴대폰, 귀중품을 훔쳐가겠지.'라는 생각이 들자 너무 무서웠다. 그러나 공포스런 마음과 달리 왜 자꾸 그 사람을 힐끔힐끔 쳐다보게 되는 건지…. 한 번은 그 사람과 눈이 마주쳐서 너무 무서운 나머지 인파가 많은 곳으로 빠르게 몸을 피했다. 페퍼와 함께 있어서인지 모르겠지만, 유럽을 여행하는 내내 소매치기나 위험한 상황을 직접적으로 느껴본

적은 없다. 페퍼를 잘 아는 사람들이야 내 개가 사랑스럽다고 하지만, 낯선 사람들은 페퍼의 털 색이나 외모를 보고 늑대 또는 여우 같다고 얘기한다. 하지만 그런 페퍼의 늑대스러운 외모가 나에게 함부로 돌발 행동을 하는 사람을 사전에 막아주는 것 같다. 역시나 페퍼와 함께면 언제나 든든하다.

포지타노는 해변 뒤로 펼쳐진 예쁜 색감의 작은 건물들이 빼곡하게 자리 잡고 있는 모습을 사진으로 보고, '이곳이 실제로 존재한다면, 내 눈에 꼭 담아보고 싶다'라는 마음에 찾은 도시이다. 하지만 가는 길이 생각보다 복잡하고 멀어서 당일이나 1박 2일 투어업체를 이용하는 경우가 많다. 나는 투어업체가 몸이 편한 것은 있지만 시간이 제한적이고 원하는 대로 움직일 수 없어 큰 매력을 느끼지 못한다. 그렇기에 잘 이용하지 않지만 페퍼의 컨디션이 안 좋아졌을 때 혹시나 하는 마음에 문의해 보았는데, 물론 답은 거절! 거절은 일상이니까 상처를 받지는 않았지만, 개와 함께 여행을 온전히 즐기는 일이 아직은 쉽지 않다는 사실을 새삼 깨닫게 되었다.

컨디션이 좋아진 페퍼와 선택한 것은 자유 여행. 살레르노에서 메가 버스를 타고 가는 방법도 있었지만, 좌석버스이고 사람이 많아 페퍼를 태워 줄 것 같지 않았다. 페퍼도 불편할 것 같고. 이런저런 생각 끝에 최종적으로 기차와 페리를 선택했다. 몇 번 경험해봤다고 이제 무리 없이 기차 시간에 맞춰 페퍼 표까지 구입하고, 플랫폼을 확인하기 위해 전광판 근처로 이동했다. 그런데 예약한 기차표의 도착 시간이 되어도 한참이나 플랫폼에 아무것도 뜨지 않았다. 역시 유럽 기차의 저주는 쉽게 풀리지 않는 것인지, 또 불길한 예감이 들기 시작했다. 게다가 갈아타야 하는 페리도 마지막 시간이었기에 더욱 초조해졌다.

07 불길한 예감은 빗나가지 않아

 안내 방송을 주의 깊게 들어보니 기차가 연착되었단다. 이게 말로만 듣던 기차 연착이구나. 조급한 마음이 들었지만 30분 정도 지나고 기차가 도착했고, 다시 긍정 마인드를 되찾아 '이거 타고 가면 어떻게든 되겠지?'라는 생각으로 기차에 올랐다. 도착 시간이 불안했지만, 빨리 가면 페리를 탈 수 있을 것 같았다. 모든 상황에서도 가장 다행인 것은 페퍼의 기분이 좋아 보인다는 점이었다. 나보다 발걸음도 빨랐고 같이 기차를 탄 개 친구에게도 반응을 보였다. 그 친구도 주인과 함께 어딘가로 여행을 가는 모양이었다. 발랄하게 기차에 탑승한 페퍼는 가만히 앉아있다가 곧 자리를 잡고 숙면에 들어갔다. 그 모습을 보고 같은 기차에 탄 사람들이 미소 지었다. 누가 봐도 지나친 숙면이었기에.

 봐도 봐도 지겹지 않은 창밖 풍경을 보고 있으니 금방 살레르노역에 도착했다. 확실히 역 밖으로 나오니 로마와 전혀 다른 분위기였다. 바다 냄새가 나는 공기, 인상이 더 여유로워 보이는 사람들까지. 페리를 타기 위해 선착장으로 가는 길에 푸드 트럭에서 레몬 슬러시를 샀다. 살레르노의 분위기를 마음껏 느끼며, 선착장에 도착했는데 불길한 예감이 다시 고개를 들었다. 선착장이 아주 한산했던 것. 불안한 마음을 다잡고 직원에게 페리 티켓을 어디서 사면 되는지 물었다. 돌아오는 답은 포지타노로 들어가는 마지막 페리는 이미 떠났다고.

 여행하면서 수많은 고난을 경험했지만, 어떤 일도 쉽게 익숙해지지는 않았다. 다만 지나치게 당황하거나 좌절하기보다 다른 방법이 있을 거라는 생각을 하게 된 게 변화라면 변화. 유럽 여행을 하며 체득한 변화에 따라 우선 페리 외에 포지타노에 갈 방법을 찾기 시작했고, 메가 버스와 택

시라는 답을 찾았다. 둘 중 내 선택은 당연히 메가 버스. 휴가철인 데다가 오후 시간이라 닫은 상점이 많았는데 간신히 문을 연 옷 가게를 찾아 메가 버스 정류장을 물었다. 친절한 점원은 버스 시간표까지 보여주며 정류장에 직접 데려다주었다. 그녀의 친절함에 페리를 놓친 충격도 조금은 덜어졌다.

그러나 메가 버스는 터프하다 못해 조금은 난폭했다. 줄을 서서 기다린 승객을 다 태우지 않고 출발하는 버스라니. 소문은 들었지만 눈앞에서 보니 더욱 당황스러웠다. 더욱이 버스 자체에 사람이 워낙 많아 페퍼와 내가 탈 수 있을지도 미지수였다. 몇 대의 버스를 놓치고 나니 오늘 안에 포지타노에 갈 수 있을지 불안감이 점점 더 커졌다. 시간은 속절없이 흐르고 이제는 마지막 선택을 해야 할 순간이었다.

결국 최후의 수단인 택시를 이용하기로 했다. 살레르노역 앞에 가니 택시들이 줄지어 서 있었고, 목적지를 말하자 페퍼를 한번 보고는 기사 아저씨들끼리 이야기를 나눴다. 그리고 나서 한 기사 아저씨를 가리켰다. 아마 개를 태워도 괜찮은 사람을 알려준 듯했다. 우리가 다가가자 기사 아저씨는 트렁크에서 담요를 꺼내 뒷좌석에 깔고 페퍼가 앉을 수 있는 자리를 만들어 주었다. 시트에 털이 묻거나 발자국이 남는 것을 걱정하는 눈치였다. 그 모습을 보며 속으로 '귀여운 아저씨, 걱정 마세요. 페퍼는 늘 차를 타고 출퇴근하는 개라서 5분이면 바로 잠이 들 거랍니다.'라고 속으로 이야기했다. 이탈리아 말을 할 수 있었다면 아저씨를 안심시켜 드렸을 텐데, 아쉬울 뿐이었다.

페퍼와 나는 택시에 몸을 실었고, 택시는 포지타노를 향해 달리기 시작했다. 택시 밖으로 펼쳐지는 풍경은 말 그대로 장관이었다. 물감을 풀어놓은 듯 파란 바다와 절벽에 딱 붙어 자리 잡은 색색의 집들, 바다에 빡빡하게 서 있는 보트들까지. '그림 같은 풍경이 이런 곳을 볼 때 하는 말이구나'라는 생각이 저절로 드는 모습이었다. 굉장히 좁고 구불구불한 도로를 달리는 것이 불안하기도 했지만, 어쩌면 평생에 한 번 볼 수 있는 풍경일지 모른다는 생각에 한참이나 창문을 열고 바라봤다. 페퍼도 열린 창문 틈으로 고개를 내밀고 털 자락을 휘날리며 바깥공기에 흠뻑 취했다.

풍경에 취하고 나니 긴장이 풀리면서 졸음이 몰려왔다. 깜박 졸다가 깨기를 몇 번 반복했음에도 눈에 보이는 모습에는 변화가 없었다. 아저씨는 미동 한번 없이 운전하고 있었고, 풍경은 여전히 그림 같았다. 그림 속에서 계속 달리고 있는 느낌이랄까. 삼십 분이면 도착할 거라는 예상은 나의 착각이었다. 같은 모습을 한 시간 삼십 분쯤 보고 나서야 포지타노에 도착할 수 있었다.

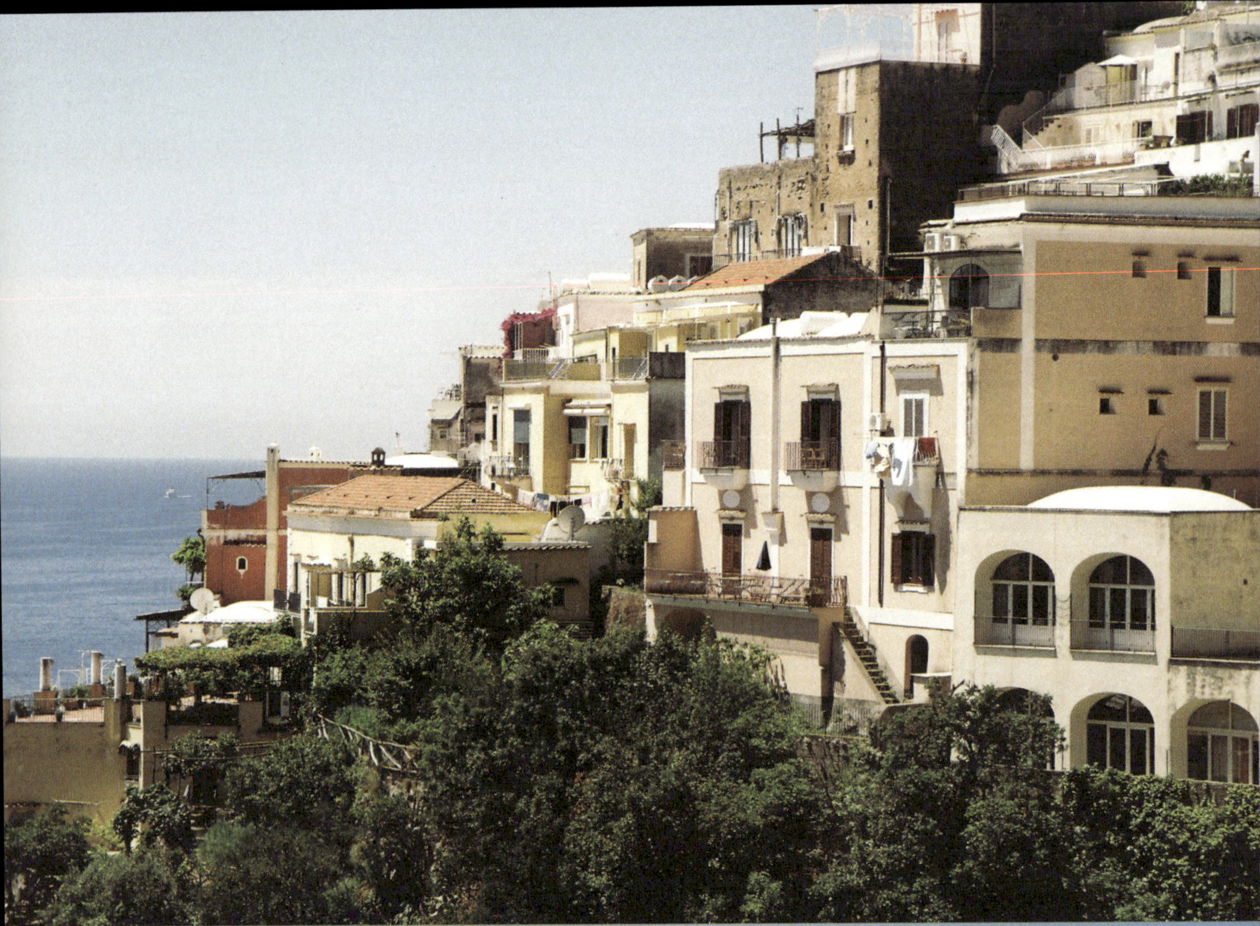

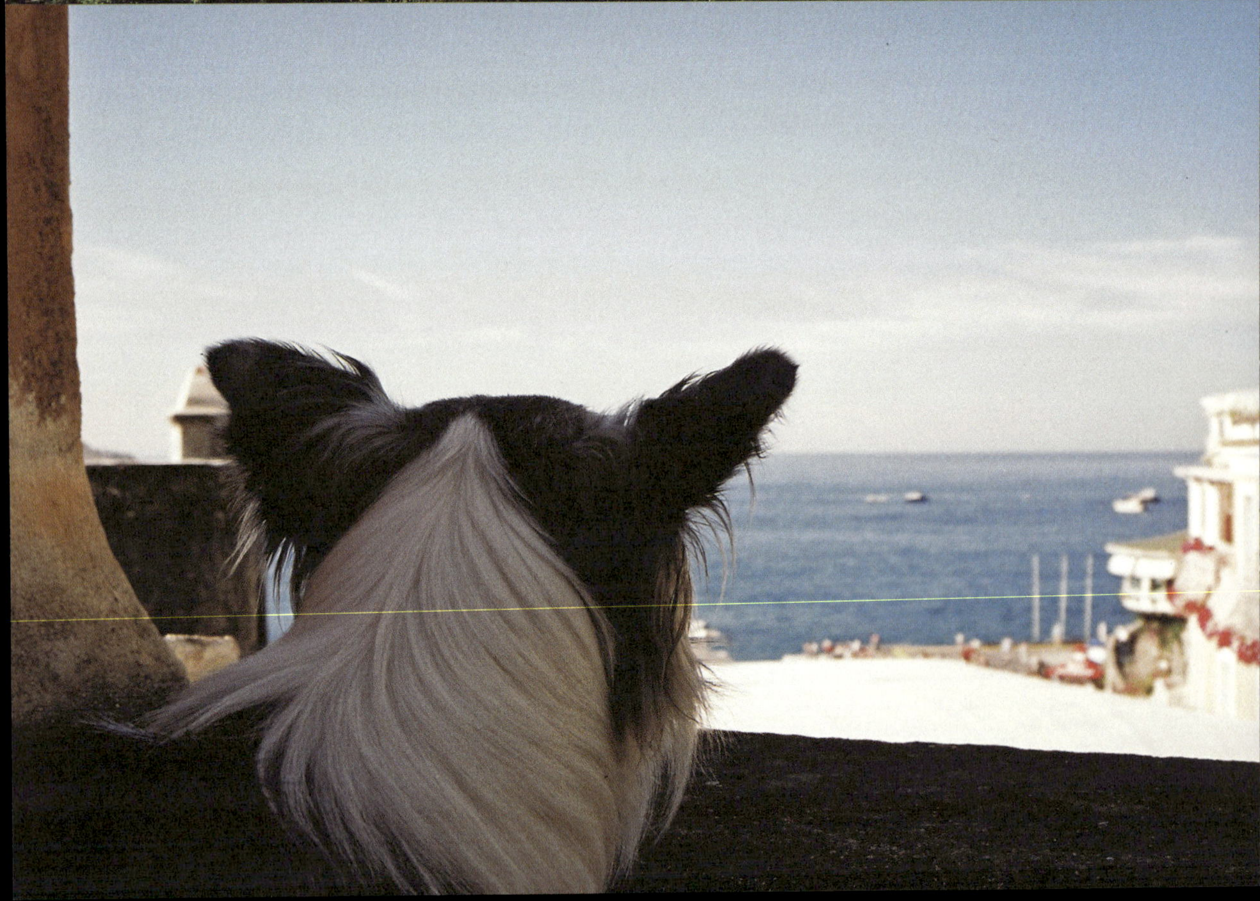

08 여행자의 책임, 견주의 역할

 택시 뒷좌석에서 하늘을 향해 배를 한껏 내보이며 자던 페퍼를 깨웠다. 세계 각지의 사람들이 휴양을 위해 모이는 곳, 포지타노에 페퍼와 함께 무사히 도착했다는 것만으로도 다행이었다. 귀여운 기사님께 감사를 전하며, 택시에서 내렸다. 그 순간 새로운 미션이 등장했다. 바로 호텔을 찾아가는 것. 사람이 많고 골목이 복잡했지만, 로마 호텔에 거대한 캐리어를 두고 온 덕분에 한결 가벼운 마음으로 미션을 수행할 수 있었다.

 왁자지껄한 포지타노의 골목을 걸어가니 그늘에 누워 낮잠을 자던 검은 개 한 마리가 페퍼를 보고 졸졸 따라오기 시작했다. 페퍼는 검은 개가 귀찮다는 듯 노려보았지만 검은 개는 굴하지 않고 애정 공세를 펼쳤다. 이탈리아 개라서 그런지 사랑을 표현하는 것이 적극적이었다. 그러나 검은 개는 페퍼의 눈길을 받지 못했고, 우리가 호텔에 들어가고 나자 발길을 돌려 다시 자기 자리를 찾아갔다.

 포지타노 호텔의 첫인상은 친근했다. 다들 페퍼를 보고 좋은 곳에 함께 왔다며 반갑게 맞아 주었다. 그들은 방 안에 페퍼를 혼자 두고 나가지 말아달라는 유의사항을 이야기하고 방 키를 건네주었다. 호텔에서 방 안에 개를 혼자 두고 외출하지 않는 것은 기본 매너에 속한다. 개를 돌봐주는 호텔도 아니고, 그들은 방에 혼자 남겨진 개를 돌볼 수 없다. 또한 기물을 파손하거나 짖어서 문제가 생기게 될 경우 대처하기도 어렵다. 따라서 반려동물과 함께 숙박하는 경우라면, 항상 옆에서 자신의 개를 돌보고 개의 행동에 책임을 져야 한다.

 나 역시 식사를 할 때는 테라스나 마당이 있는 레스토랑을 찾아 페퍼를 잠깐 외부에 묶어 두거나 테이크 아웃을 해서 음식을 먹는 등의 방법을 선택했다. 함께 여행을 가면 그 상황에 맞게 책임져야 하는 일과 나 스스로 감수해야 하는 부분이 생길 수밖에 없고, 그것을 온전히 해내야 한다. 관광도 마찬가지이다. 개와 함께 하는 여행에서 사람만 왔을 때처럼 모든 것을 하고 싶은 대로 혹은 최선의 방법으로 할 수 없다. 이런 불편을 고려한 후에 개와 함께 하는 여행을 시작해야 한다. 개의 훈련 상태, 기본 성향도 당연히 고려되어야 하지만, 개보다 사람이 더 매너를 잘 지키고 배려심을 가져야 반려동물과 함께 하는 여행이 행복해질 수 있다.

09 우리, 떠나오길 참 잘했다

호텔 방은 바닥의 타일부터 전체적인 분위기가 '포지타노 같다'라는 표현이 어울리는 모습이었다. 특히 테라스에 서면 알록달록한 마을과 인위적으로 만들 수 없는 파란색 바다가 한눈에 펼쳐졌다. 호텔 테라스에서 바라보는 창밖 풍경 하나만으로도 이곳에 와야 하는 이유는 충분했다. 옥상에서 빨래를 널고 있는 할머니, 바다에 떠 있는 수많은 요트들, 들뜬 얼굴로 거리를 걷는 연인들, 가족과 함께하는 행복한 시간을 온전히 즐기는 사람들의 모습으로 가득한 도시라니! 당장 그 사람들 속으로, 도시 속으로 들어가고 싶었다. 그래서 페퍼와 함께 해변으로 산책을 나갔다. 산책길에 레스토랑에 들어가 파스타와 리소토를 주문해 배도 채웠다. 혼자 와서 두 개의 메뉴를 시키는 동양 여자가 의문스러운 종업원들의 표정을 보며 혼자 웃음을 짓기도 했다. 페퍼는 내가 식사를 할 때 내 발밑에서 짧은 잠을 청하는 것이 자연스러워졌다. 나와의 여행 호흡에 익숙해진 것이다.

페퍼라고 처음부터 나와의 호흡이 좋았던 것은 아니다. 꾸준히 새로운 경험을 함께하면서 서로가 서로에게 적응해 나간 결과이다. 여행을 처음 시작할 때의 페퍼와 나중의 페퍼가 다른 것도 그런 이유라고 생각한다. 처

209

음 탑승하는 기차가 낯설어 바닥에 제대로 눕지 못하고, 의자 위로 올라오겠다고 보채던 페퍼는 이제 기차에 오르면 내 발밑에 자리를 잡고 잠을 청한다. 계속 바뀌는 숙소를 낯설어하지 않고, 자기 집인 것처럼 잘 잔다. 실내 배변을 했음에도 여행 중에는 정말 급할 때가 아니면 산책길에 실외 배변을 해주었다. 이렇게 작은 것부터 큰 것까지 페퍼는 여행이라는 시간 속에서 변하고 적응했다. 어려워하던 것을 편안해 하고, 낯설던 것에 익숙해지며 나와 페퍼는 함께인 시간을 늘려갔다.

    페퍼의 변화만큼 나에게도 변화들이 생겼다. 페퍼가 어떤 상황인지 먼저 파악하고, 미리 해주려고 한다. '이쯤이면 페퍼가 목이 마르겠지, 이제는 쉬어야 할 타이밍이지, 빨리 나가야겠구나' 등등 페퍼의 입장에서 생각하려고 노력했다. 몇 년을 함께 살았지만 여행길에서 서로의 새로운 모습을 보고, 서로를 더 이해하게 되었다. 그렇게 우리는 점점 더 가까운 사이가 되어 갔다. 이 모든 변화가 여행의 선물이라고 생각하니, 떠나길 참 잘했다는 생각이 들었다.

10 포지타노의 꿈같은 3일

페퍼와 산책을 하며 해변 옆 선착장을 지나는데, 그곳에서 리트리버 한 마리를 만났다. 그 친구의 모습이 낯익다고 느낀 순간, 어디에서 봤는지 떠올랐다. 포지타노에 가야겠다고 마음먹은 후 정보를 찾을 때면 이곳에 다녀온 사람들의 사진 속에 늘 이 개가 등장했다. 자유롭게 수영을 하거나 해변을 신나게 달리는 자유로운 영혼의 개. 사진에서만 보던 녀석을 실제로 보니 오래 알고 지낸 것처럼 친근하고 반가웠다. 비록 사진으로 보던 모습보다 많이 늙어있었지만, 이 개 역시 젊은 시절의 자유로웠던 추억들이 있기에 지금도 행복하지 않을까라는 생각이 들었다. 매표소 앞에서 해변을 바라보는 리트리버의 눈빛이 그런 이야기를 하고 있었다. 배에서 내리는 세계 각지의 사람들을 맞이하는 포지타노 선착장의 사랑스러운 마스코트로 앞으로도 아주 오랫동안 건강하고 행복하길 바라는 마음으로 그 친구의 머리를 한번 쓰다듬었다.

해변을 걷다 보니 마주치는 많은 사람들의 시선이 페퍼에게 향했다. 여행을 하면서 낯선 사람들과의 친화력이 더 좋아진 페퍼는 능청스럽게 해변에 앉아 쉬는 커플 옆에 슬쩍 다가가 앉기도 하고, 물놀이하는 사람들에게 다가가 공을 던져달라고 보채기도 했다. 능청스러운 내 개의 모습에 민망하기도, 당황하기도 했지만 모두가 페퍼를 귀엽게 봐주고 예뻐해 주었기에 고맙고 즐거운 기분이 들었다. 포지타노에서 보낸 삼일 동안 어떤 걱정이나 고민 없이 온전하게 그 순간, 그 시간에 집중했고 아름다운 풍경을 서로의 눈에 가득 담았다. 페퍼와 함께 매일 바다를 보며 산다면 이런 기분일까? 매시간 다른 그림을 보여주는 해변의 풍경과 다른 추억을 쌓은 페퍼와의 시간이 너무 행복해 이곳이 우리 둘을 위해 준비된 여행지라는 생각까지 들었다.

그러나 늘 끝은 있기 마련이다. 포지타노에서의 3일은 꿈같이 흘렀고, 우리는 다시 로마로 돌아가야 했다. 페퍼와 함께하는 이 여행의 마지막도 점점 다가오고 있었다. 우선 포지타노에서 로마로 돌아갈 때는 올 때 놓쳤던 페리에 무사히 탑승하는 목표를 세웠다. 포지타노에서 살레르노로 가는 페리는 페퍼도 동물 티켓을 구매해야 했다. '1 animale'이라고 쓰여있는 페퍼의 작은 페리 티켓이 어찌나 귀엽던지. 지금도 그 티켓만은 잘 보관하고 있다. 그렇게 돌아가는 길에야 우리는 페리를 경험할 수 있었다. 줄을 서서 무사히 탑승하고, 갑판에 올라 빈 의자에 자리를 잡았다. 쏟아지는 해가 뜨거울까 페퍼를 위한 그늘을 만들어 주고 시원한 물도 놓아주었다. 페리는 살레르노를 향해 달리기 시작했고, 멀어져 가는 포지타노를 바라보며 지난 시간들을 다시 떠올렸다. 그렇게 추억에 빠져 한참이나 멀어져 가는 섬을 바라보았다.

포지타노는 오랜 상상 속 장소였다. 페퍼와 함께 갈 수 있으면 좋겠다는 생각을 수없이 했던 곳이다. 그런데 그곳에서 정말 우리가 함께 했다니. 아마 이곳을 한 번 더 함께 오는 일은 쉽지 않을 것이다. 그렇기에 지난 3일이 더욱 소중하게 느껴졌다. 다시 오지 않을 유일한 순간을 함께 했다는 생각에! 꿈처럼 아름답고 소중한 추억은 마음에 새기고, 우리는 포지타노를 떠나왔다. 혹여 앞으로의 삶 속에서 페퍼가 내 곁에 없는 순간 내가 다시 이곳을 찾게 될지라도 우리가 함께였던 이 시간, 이날들의 기억, 행복했던 순간들은 영원히 남아 있을 것이다.

"함께 해줘서, 너무 좋은 기억 속에 너와 함께일 수 있게 해줘서 고마워! 사랑하는 내 연인이자 동생이자 나의 친구, 페퍼야!"

11 다시 돌아온 로마 그리고 안지오

Anzio

포지타노에서 로마로 돌아오니 남은 일정을 어떻게 보내야 할지 고민이 되기 시작했다. 사실 여행을 떠나기 전 계획을 최대한 상세하기 짜기 위해 노력했지만, 여행 후반 일정은 정하지 않았다. 그냥 쉬며 놀며 마음대로 보내야겠다는 생각에. 원래 정해놓은 대로 움직이기보다 즉흥적으로 움직이는 것을 좋아하는데, 그런 내 성격이 여행에서도 고스란히 나온 것이다. 지금까지 경험들을 보면 무계획 여행이 더 큰 기쁨과 즐거움을 주었기에 믿는 구석도 있었다.

그러나 로마는 내가 생각했던 것보다 훨씬 더웠고, 훨씬 많은 사람들로 늘 붐비는 곳이었다. 유명한 트레비 분수도 근처를 지나다가 먼 거리에서 슬쩍 본 것이 다였다. 분수 주변을 둘러싼 수많은 사람들을 보니 가까이 다가갈 수 없었다. 더욱이 혼자이면 몰라도 페퍼와 함께 즐기기에 로마는 좋은 조건을 가진 도시가 아니었다.

한참 생각하다가 로마 시내가 아닌 근교에 갈 만한 곳이 없는지 찾아보기 시작했다. 인터넷 검색에서 크게 와 닿는 곳이 없어 결국 구글 맵을 열고 이탈리아 지도를 살펴보았다. 그때 내 시선을 잡은 곳이 바로 안지오(Anzio). 바다 근처에 있는 도시이니 해변이 있을 것 같았다. 다시 안지오를 검색했지만 정보가 많이 없었다. 관광지도 아니었고, 한국인들이 많이 찾는 곳도 아니었다. 사진을 보니 로마와 비교하면 훨씬 한적하고 고요한 도시 같았다. 나와 페퍼가 바다를 워낙 좋아하는 것도 이곳이 마음에 든 이유 중 하나였다. 포지타노에 다녀온 지 얼마 되지 않았지만, 마음은 이미 안지오에 대한 호기심으로 가득 찼다.

217

결국 나는 안지오 여행을 결정했다. 우선 이동 방법을 찾아보니 테르미니역에서 기차를 타고 한 시간 정도 가면 안지오역에 도착할 수 있었다. 안지오역에서 해변까지는 걸어서 5-10분. 간단한 수건과 수영복, 페퍼의 장난감과 구명조끼를 챙겨 바로 길을 나섰다.

이제 페퍼와 기차를 탈 때 예전처럼 예약하지 않았다. 가격이 조금 비싸도 예약에 얽매이지 않는 게 질적으로 훨씬 좋은 여행이라는 사실을 깨달았기 때문이다. 테르미니역 창구에 줄을 서서 페퍼의 티켓을 사고 기차에 올랐다. 관광지로 유명한 도시가 아니어서 그런지 안지오로 향하는 기차 안은 한산했다. 물놀이 용품을 잔뜩 챙겨온 예쁜 십 대 소녀들의 재잘거리는 신난 목소리, 연인들의 행복한 눈빛, 조금은 들뜬 모습의 중년 아저씨 무리가 기차를 채웠다. 로마를 벗어나 한산한 풍경이 창문 밖에 펼쳐지니 숨통이 트이는 것 같았다.

유럽 여행을 하면서 느낀 점은 기차로 한 시간 거리는 정말 가까운 편이라는 것. 잠깐 풍경을 바라보면 어느새 목적지에 도착해 있곤 했다. 안지오역에도 생각보다 금방 도착했고, 기차에 있던 몇 안 되는 사람들이 밝은 얼굴로 일어나 내렸다. 그들과 함께 역 밖으로 나오니 부슬비가 내리고 있었고, 사진에서 본 것 같은 한적하고 조용한 마을이 우리를 반겼다.

길을 정확하게 모르니 누가 봐도 물놀이를 가는 것처럼 보이던 10대 소녀들을 따라가기로 했다. 소녀들의 뒤를 밟으면 해변을 만날 수 있을 것 같았다. 어느 정도 거리를 두고 놓치지 않게 소녀들의 뒤를 따랐다. 걸으며 소소하게 만나는 안지오의 모습은 로마와는 전혀 다른 분위기였다. 소박하고 조용한 작은 해변 마을. 페퍼와 산책하기 좋은 곳이었다. 그렇게 아주 잠깐 걸었는데, 해변이 등장했다. 끝이 안 보이게 이어진 백사장은 사람들로 북적이지 않아서 바라만 보고 있어도 여유로운 기분이 느껴졌다. 바다를 보고 신이 난 페퍼가 빨리 들어가자고 나를 끌어당기며 걸어갔다. 못 이기는 척 바다를 향해 뛰어가는데, 갑자기 한 아주머니가 나타나 "non cane!"라고 단호하게 이야기를 했다. 까네는 이탈리아어로 개라는 뜻이니, 이탈리아어를 못하는 내가 들어도 너무 명확하게 개가 들어가면 안 된다는 말이었다. 너무 완벽하게 이해할 수 있어서 오히려 슬픈 말이랄까.

어쩔 수 없이 페퍼와 나는 해변을 나왔다. 길게 이어진 해변은 구역을 나눠 관리자들이 있었다. 혹시나 다른 곳은 개와 함께 들어가는 것이 가능할까 싶어 걸음을 옮겨 보았지만, 워낙 단호하게 거절당해서인지 마음이 잔뜩 움츠러들었다. 용감하게 뛰어들지 못하고 해변 입구에 있는 계단에 페퍼와 함께 앉았다. 그때 내 앞으로 수상구조대 직원이 지나갔는데, 그 눈빛 역시 들어가면 안 된다는 이야기를 하는 듯했다. 눈치를 보다 보니 그렇게 느꼈을 수도 있지만, 선뜻 용기가 나지 않았다. 정처 없이 해변 이곳 저곳을 기웃거리고 있으니 관리자 아주머니가 다가왔다. 우리가 신경 쓰였는지 다가와 손짓과 눈빛을 섞어 무엇인가 이야기를 해주었다. 이탈리아어는 모르지만 만국 공통어인 바디랭귀지를 해석하자면, 반대 방향 끝까지 걸어가면 개와 함께 들어갈 수 있는 해변이 있다는 것 같았다. 얼마나 끝까지 가야 하는지 알 수 없었지만, 아주머니의 친절에 힘을 얻어 희망을 품고 그녀의 손끝이 가리키는 방향으로 걷기 시작했다.

얼마나 걸었을까 꽤 끝쪽이라고 생각되는 해변은 사람도 없고 한적했다. 파라솔 하나가 덩그러니 놓여 있어서 조심스럽게 페퍼와 해변에 들어

220

갔다. 다행히 우리를 제지하는 관리자는 없었다. 파라솔에 짐을 풀고 페퍼에게 구명조끼를 입혀 물놀이를 시작했다. 포지타노보다 파도가 잔잔해서 페퍼도 신나게 물속을 뛰어다니고, 수영도 하고, 공도 물어왔다. 몇 번의 입수를 반복하다 파라솔에서 잠깐 쉬고 있는데, 우리 쪽으로 남자가 다가왔다. 불안한 예감은 늘 틀리지 않는다고, 남자에게서 이곳은 개가 출입할 수 없다는 이야기를 들었다. 씁쓸한 마음으로 주섬주섬 짐을 챙겨 터덜터덜 페퍼와 해변 밖으로 나왔다. 해변에서의 물놀이를 기대하고 안지오에 와서인지, 아쉬움이 자꾸 커졌다. 그러나 여행은 원래 예상치 못한 일의 연속이고 계획대로 되지 않는 일이니! 긍정적인 마음으로 사진이라도 남기자는 생각에 페퍼를 열심히 찍기 시작했다.

12

사비노, 세 마리 개들과의 만남

사진을 열심히 찍고 있는 내 뒤로 음악 소리가 쿵쿵 울리는 낡은 차 한 대가 지나갔다. 차 안에는 와이마라너 견종의 개 세 마리가 우렁차게 짖고 있었다. 개 짖는 소리와 큰 음악 소리에 자연스럽게 눈길이 갔다. 그런데 그 차가 내가 쫓겨난 해변 근처에 주차하는 것이 아닌가. 이건 누가 봐도 개들과 물놀이를 즐기러 온 모습이었다. 차에서 남자 둘이 내렸고, 뭔가에 홀린 것처럼 그들에게 걸어갔다. 그들도 내가 다가오자 인사를 건넸다. 아무래도 페퍼와 함께 있으니 친근한 느낌이 들었던 것 같다. 인사도 했으니 빠르게 번역기를 이용해 "개를 데리고 들어갈 수 있는 해변이 있다는데, 어디인가요?"라고 물었다. 핸드폰 화면을 통해 내 질문을 읽은 남자는 영어로 대답했다. 자신들이 강아지와 함께 갈 수 있는 해변을 알고 있으니 따라오라는 것. 어찌나 기쁘던지. 역시 여행의 묘미는 이렇게 만나게 되는 예상하지 못한 인연과 행운이 아닐까.

두 남자는 외모와 달리 친절했다. 풍채가 좋고 문신이 많아 살짝 무서웠던 사비노는 나와 페퍼에게 친구라며 빵과 물을 나눠 주고, 핸드폰으로 우리의 사진을 계속 찍어 주었다. 처음 만난 낯선 사람이었지만, 동네 삼촌 같은 느낌 덕분에 긴장하거나 무섭지 않았다. 사비노의 친구가 세 마리 개의 주인인 듯했다. 개들은 엄마, 아빠, 아들이었는데 몇 번이나 이름을 말해주었지만 이탈리아어의 한계를 극복할 수 없어 외우지는 못했다. 늘씬한 회색 몸매를 자랑하던 안지오의 개들은 해변이 익숙한지 망설임 없이 바다로 뛰어들어 수영을 즐겼다. 사비노가 바다를 향해 멀리 차버린 축구공을 쫓아 전속력으로 바다에 뛰어드는 개들을 보고 있으니 그 자유로움이 아름다워 보이기까지 했다. 개들이 뛰어드는 모습을 보던 사비노도 바다를 향해 달려가 함께 어울리며 수영을 즐겼다.

이런 즐거운 모습을 보고도 페퍼는 조금 주눅이 들어서인지 무리에 끼지 못했다. 자기보다 덩치가 큰 친구들이 낯설어서 그랬는지 수영도 자신 있게 하지 못하고, 자기가 좋아하는 장난감도 지키지 못해 맥없이 빼앗겼다. 처음에는 사비노가 몇 번이나 장난감을 돌려줬는지 모른다. 그러나 조금씩 시간이 지나면서 페퍼도 바다에서 놀고 있는 친구들을 향해 뛰어들어 수영도 하고, 공이나 장난감을 빼앗기지 않으려 마구 달리며 신나게 안지오의 해변을 즐겼다. 페퍼가 완벽하게 적응한 모습을 보니 나도 안심이 되어 바다에 들어갔다. 바다에서의 시간은 말 그대로 자유로움 자체였다. 이곳에 동양에서 온 이방인은 아마 나뿐일 것이다. 처음 들어본 낯선 곳에 무작정 찾아와 좋은 친구들을 만나고, 한적하고 평화로운 바다에 몸을 띄우고 있으니 행복하다는 말이 절로 나왔다. 이런 것이 내가 원하던 여행이고, 내가 기대하던 시간이었다.

사비노와 친구는 페퍼를 참 예뻐해 주었다. 처음 보는 사람이 과하게 애정 공세를 하면 오히려 낯을 가리는 페퍼인데, 둘의 친절함에는 마음을 활짝 열었다. 사비노 옆에 가서 풀썩 앉아있기도 하고, 쓰다듬어 달라고 애교를 피우기도 했다. 그 모습을 물끄러미 보다 부러운 마음이 불쑥 올라왔다. 동네의 한적한 해변에서 개들과 함께 뛰어놀 수 있는 이들의 여유로운 삶이, 모래와 한 몸이라도 된 것처럼 하고 싶은 대로 해변을 즐기는 그들의 삶이 부러웠다.

행복하면서도 부러운 시간이 흘러갔고, 점차 개들과 함께 찾은 이들로 해변이 북적이기 시작했다. 동시에 아쉽지만 페퍼와 내가 로마로 돌아가야 하는 시간이 되었다. 우리는 너무 고맙고 좋은 친구들에게 아쉬운 작별 인사를 하고 로마를 향해 발길을 돌렸다. 페퍼는 로마행 기차에 타자마자 발밑에 자리를 잡고 대자로 누워 한 번도 깨지 않고 꿀잠에 빠졌다. 너무 즐거운 오늘 하루를 꿈속에서 즐기고 있을 페퍼를 물끄러미 바라보며 나 역시 안지오에서의 행복한 시간을 곱씹었다. 더불어 어떻게 사는 것이 행복인지, 내 개와 어떤 날들을 만들어가야 하는지에 대해 생각이 많아졌다. 그 자유로움과 행복감을 앞으로도 오래도록 함께 느낄 수 있도록!

13 로마에서의 마지막 미션

페퍼와 함께 했던 유럽 여행도 마지막에 다다랐다. 귀국을 위한 일들을 하나씩 준비해야 할 시간이 되었다. 비행기 탑승을 위해 페퍼의 케이지를 구입하는 것이 가장 중요한 일이었다. 하루 만에 낯선 도시 로마에서 미션을 완전하게 성공하지 못할까 싶어 시간을 넉넉하게 두고 구입하기로 했다. 우선 구글 맵에서 숙소 근처의 애견용품 숍을 검색하고, 매장 사진을 보며 어느 정도 규모가 있는 숍들을 추려나갔다. 페퍼처럼 중형견 이상일 경우 규모가 큰 매장에 가야 맞는 케이지를 찾을 수 있다. 그러나 자세하게 어떤 물건을 취급하는지, 내가 찾는 물건이 있는지 알 수 없기 때문에 막막한 기분이었다. 인터넷으로는 역시 한계가 있었고, 직접 눈으로 확인해야 했다. 우선 산책을 겸해 페퍼와 함께 보르게세 공원 쪽으로 향했다.

보르게세 공원은 언제 가도 좋은 곳이었다. 산책하러 나온 개들이 많았는데 다들 목줄을 풀고 공원을 자유롭게 즐기고 있었으며, 어떤 개도 소란을 피우지 않았다. 이탈리아 개들 모두 주인 옆에 얌전히 자리를 잡고 풀 냄새를 맡으며 공원에서의 시간을 즐겼다. 페퍼도 이곳에서는 자유로운 개가 되었다. 냄새를 맡으며 인사를 나누고 멀리서 페퍼를 보고 뛰어온 개와 한동안 서로를 알아가는 시간을 가졌다. 분수대는 개들을 위한 미니 수영장인 동시에 급수대였다. 더위를 식히고 목을 축이는 개들의 모습이 정말 평화로워 보였다.

그때 잭 러셀 테리어 삼총사의 주인이 인상 좋은 얼굴로 다가와 페퍼의 견종과 이름을 물었다. 이야기를 조금 나눈 후, 케이지를 구입할 수 있는 곳에 관해 물어보았다. 남자는 웃으며 상점 이름을 적어 주었다. 꽤 큰 상점이라며, 잠깐 기다리라 하고는 자신의 친구에게 전화를 걸었다. 친구

231

에게 상점에 전화해 케이지를 파는지 확인해 달라는 이야기를 하는 듯싶었다. 문득 로마 사람들의 친절함을 또 한 번 느낀 순간이었다. 그들은 이방인을 멀리하기보다 오히려 친근하고 편하게 대한다. 번거롭고 귀찮을 일도 기쁘게 해준다. 대가를 바라지 않는 그들의 친절이 여행자에게는 너무나도 고마운 일이었다. 더불어 로마라는 도시를 사랑하는 이유가 되기도 했다.

기쁜 마음으로 친절한 개 아버님의 추천 상점을 향해 출발했다. 로마에서는 대부분 걸어 다녔기 때문에 지하철을 타는 것이 아주 오랜만의 일 같았다. 워낙 관광객이 많은 곳이라 소매치기나 수상한 사람들을 주의하며 지하철에 올랐는데, 경계심이 무색하게 로마 사람들의 친절이 계속 이어졌다. 환승역에서 길을 헤매던 나를 타는 곳까지 직접 데려다준 로마 여인, 페퍼와 나를 향해 미소를 띠며 가벼운 인사를 건네던 로마의 평범한 사람들 모두 오래도록 기억에 남아있다.

대단한 목적지는 아니었지만, 여행 중에 한 번도 가보지 않은 곳 또는 계획에 없던 곳을 찾아가는 기분이 어쩐지 더 설레었다. 설렌 마음을 가지고 도착한 첫 번째 상점은 꽤나 깔끔하고 스타일리시했다. 젊은 남자와 여자 직원들은 우리가 들어가자 바로 눈이 하트가 되며 페퍼를 예뻐해 줬다. '페퍼가 유럽에서 통하는 개'임을 다시 확인하는 순간이었다. 그러나 그 상점에는 극과 극의 케이지 두 개뿐이었다. 작은 것보다는 큰 게 나을 것 같았는데, 높은 곳에 올려져 있었다. 대충 보기에 페퍼가 들어가고 조금 남을 것 같아 큰 케이지를 보여달라고 했다. 직원들은 너무 커서 안 된다고 말렸지만 괜찮을 것 같다고 했고, 결국 사다리를 타고 낑낑거리며 케이지를 꺼냈다. 막상 꺼낸 케이지는 페퍼 7마리가 들어갈 정도의 크기였다. 큰 케이지를 앞에 두고 우리 주변은 정적이 흘렀다. 얼굴에는 미소가 있었지만 직원의 눈빛은 '분명히 크다고 했잖아. 이게 무슨 고생이니'라는 짜증이 들어있는 느낌이었다. 그들에게 표정과 행동으로 미안함을 전했다. 느꼈을지는 모르겠지만. 한국에 돌아가기 위해서 케이지를 꼭 구매해야 하는 사정을 조금은 알아주길 바라는 마음도 함께 전했다.

결국 첫 번째 상점에서의 케이지 구매는 실패. 그들에게 다른 상점에 케이지가 있는지 문의해 줄 수 있냐고 물었고 그들은 흔쾌히 그렇게 해 주

었다. '이탈리아어를 모르는 한국 여성이 보더 콜리가 사용할 만한 케이지를 사고 싶어 해. 그 케이지가 매장에 있어?' 어디까지나 내 느낌과 눈치로 알아들은 내용이지만, 얼추 맞았는지 직원은 "매장에 재고가 하나 있다는데, 오늘 안에 사러 온다면 남겨두겠대."라고 이야기를 전해주었다. 당연히 꼭 가서 구입하겠다는 답을 한 후 직원들에게 진심으로 고마운 마음을 전하고 상점을 나왔다. 옆에서 페퍼는 영문도 모른 채 길어지는 산책이 마냥 즐거운 듯, 행복해했다. 나 역시 케이지 구매라는 미션을 달성할 수 있다고 생각하니 마음이 한결 여유로워졌다.

마음이 여유로워지니 올 때는 보이지 않던 모습들이 눈길을 사로잡았다. 주인이 채소를 고르는 동안 얌전하게 기다리고 있는 푸들, 가게 안에서 페퍼를 보고 인사하기 위해 뛰어오는 사람들, 가족이나 연인과 함께 여유로운 시간을 즐기는 이들의 행복한 표정, 낡고 오래되었지만 그래서 더 가치 있는 건물들, 할머니 할아버지 때부터 늘 그곳에 있었을 것 같은 세월이 느껴지는 상점들까지. 길에는 아름다운 로마의 풍경이 가득했다. 그제야 멈춰 서서 페퍼의 사진도 찍고, 예쁜 풍경을 남기기 위한 행동을 해봤다. 아름다운 곳에서는 어김없이 페퍼의 사진이 찍고 싶어지는데, 이게 바로 엄마의 마음인가 싶다. 하나도 놓치지 않고 함께 하는 시간들을 간직하고 싶은 마음.

설레는 마음으로 여유도 즐기며 지도가 가리키는 목적지에 도착했는데, 그때부터 다시 당황스러움이 몰려왔다. 지도가 도착지라고 알려준 곳은 아무리 봐도 강아지 상점이 아니라 맨션이었다. 정확하게 말하면 지도의 목적지는 맨션 주차장이었다. 한숨이 절로 나왔다. "페퍼야, 우리는 왜

이렇게 쉬운 게 하나도 없을까?" 하지만 문제 해결을 위해서 한탄만 하고 있을 수는 없었다. 우선 주변을 좀 더 둘러보기로 했다. 그때 바로 옆 건물 1층에 책방이 눈에 띄었다. 그곳에 들어가 우물쭈물하니 주인아주머니가 오히려 도움이 필요한지 물어왔다. 내가 찾는 상점 주소를 보여주니 아주머니가 나를 골목 끝으로 데리고 가서 4블록 더 가라고 알려주셨다. 물론 눈치로 알아들은 말이지만.

정확한 의사소통이 어렵다 보니 약간의 불신이 틈을 비집고 들어왔다. '구글은 여기라고 하는데 왜 4블록이나 더 가라고 하지? 근처도 아니고 너무 멀리 떨어져 있는 것 아닌가? 그렇게 멀리 걸어갔다가 아니면 여기까지 다시 와야 하는 건가?' 등등 이런저런 생각이 많아졌다. 그러나 뾰족한 대안이 없기에 일단 아주머니가 알려준 길로 걸어가 보기로 했다.

그러나 한 블록을 걷자 너무 더운 날씨에 지쳐버렸다. 눈에 보이는 카페에 들어가 물을 마시고 페퍼와 테라스에서 잠시 쉬고 있으니 불신이 또다시 고개를 들었다. 아무리 생각해도 이상했다. 아주머니가 주소를 잘못 본 건 아닐까 싶어 결국 왔던 길을 되돌아갔다. 터덜터덜 돌아온 나를 보고 아주머니는 '아니 무슨 일이지?'라는 표정이었다. 주소를 주섬주섬 다시 펴서 보여주니, 아주머니도 답답하셨는지 매장에 들어가 종이에 직접 약도를 그려주었다. 약도가 그려진 종이를 내 손에 꼭 쥐여주고는 손가락으로 열심히 숫자 4를 보여주며 길을 가리키는 모습에 의심한 것이 미안해졌다.

약도를 따라 4블록을 가니 내가 찾던 가게가 나왔다. 쓸데없는 의심을 했구나 싶어 민망해지는 순간이었다. 가게에 들어가자 이미 이야기를 전해 들은 상점 직원이 빼놓은 케이지를 건네주었다. '드디어! 이것을 얻었구나!'하는 기쁜 마음으로 결제를 하려는 찰나 또 한 번의 고민이 시작되었다. 케이지가 이미 조립된 상태여서 들고 가려니 막막한 기분이 들었다. 택시를 타자니 돈이 아깝고. 바로 옆에 지하철역이 있고, 호텔도 지하철역과 가깝다는 합리화 시간을 거쳐 당차게 케이지를 들고 길을 나섰다. 페퍼가 들어가는 사이즈의 케이지는 따로 손잡이가 없기 때문에 케이지 입구를 닫은 후 손가락을 끼워 들어야 했다. 꽤 무거워 몇 걸음 걷고 쉬기를 반복하고, 땀으로 샤워한 상태가 되어서야 호텔에 겨우 도착했다. 방에 들어서자마자 바로 기절하고 말았다. 그 이후 그날 밤의 일은 잘 기억나지 않는다. 그래도 무사히 서울로 돌아갈 준비를 마쳤으니, 어찌나 다행이었는지!

14 이제 집으로!

한국을 떠날 때도 우리가 유럽으로 함께 여행을 간다는 것이 믿어지지 않았는데, 돌아가야 하는 날 역시 믿어지지도, 실감이 나지도 않았다. 그러나 집에 돌아가야 하는 날은 다가왔고, 그게 바로 오늘이었다.

공항까지는 과감하게 택시를 이용하기로 했다. 우리를 공항에 데려다줄 택시가 도착했고, 기사님은 페퍼를 보자 어김없이 트렁크에서 담요를 꺼내 뒷좌석에 깔아주었다. 프로 대중교통 탑승러 페퍼는 담요 위에 자리를 잡고 공항까지 또 늘어지게 단잠에 빠졌다. 너무 자주 보는 모습인데도 잠든 페퍼는 항상 사랑스럽다. 물끄러미 한참 잠든 페퍼를 바라보다 우리가 함께일 마지막 유럽의 모습을 눈과 마음에 꼭꼭 눌러 담았다.

공항에 도착하자 기사 아저씨는 프로 대중교통 탑승러 페퍼에게 '엄지척!'을 전했다. 여유 있게 공항에 도착한 덕분에 시원한 바닥에서 페퍼와 둘만의 여유 시간을 가지고 산책 겸 배변도 마쳤다. 돌아올 때는 출국 때와 달리 동식물검역소에 들러 서류를 받는 절차가 생략되기 때문에 비교적 여유로울 수 있었다. 단 한국에서 가져온 서류를 끝까지 잘 챙겨야 한다. 짐을 부치고 수속도 끝낸 후 탑승 직전에 페퍼를 직원에게 인도하기로 하고, 몇 시에 어디로 오라는 안내를 받았다. 장시간 비행을 해야 하기 때문에 페퍼와 탑승 전까지 즐거운 시간을 보내며 기분과 컨디션을 좋게 유지해주었다. 애교를 부리며 배를 만져달라는 페퍼의 모습에 공항 안에서는 웃음이 새어 나왔다. 여행하면서 애교도 늘고 낯가림도 줄어든 페퍼는 점점 더 사랑스러움이 가득해졌다. 알콩달콩 보낸 공항에서의 시간도 지나고 이제는 정말 비행기에 타야 할 시간이 되었다. 22일간 함께 웃고, 울고, 행복했던 우리의 유럽 여행도 끝이 났다. 우리는 다시 함께일, 어쩌면 새롭게 함께일 일상으로 돌아가야 했다.

"페퍼야, 우리 이제 한국에서 만나자!"

EPILOGUE

에/필/로/그

내 개의
찬란한 순간의 기록

나의 개에게 행복이란 무엇일까?

가끔 그들의 눈을 가만히 바라보면 문득 이런 질문이 생긴다. 그러면 자연스럽게 내가 그들이 행복하다고 느꼈던 순간들을 떠올리게 된다. 구속 없이 자유롭게 달릴 때, 식탁 위 음식에 집중하며 호시탐탐 기회를 노리다가 마침내 입속에 넣었을 때, 베란다나 신발장의 시원한 바닥에서 배를 보이고 누워 잠에 빠졌을 때, 외출 준비를 하는 나를 보며 덩달아 설레고 기대하다 현관문 앞에서 "가자!"라고 말하는 내 입 모양을 봤을 때, 드라이브를 하며 창문 밖으로 고개를 빼고 바람에 털 자락을 휘날릴 때 등등. 어찌 보면 바보같이 단순하지만 온전히 지금 이 순간을 느끼는 그들의 모습에 나 역시 덩달아 행복해진다.

동물들은 현재의 삶을 비관하지 않는다. 우리는 초라하다고 생각하는 순간에도 그들은 행복을 찾는 존재들이다. 그래서 그들은 아름답고, 우리는 그런 그들의 모습을 사랑할 수밖에 없는 것인지도 모르겠다.

'반려동물'이라는 존재에 대해 냉정하게 생각해보면 사실 씁쓸한 뒷맛이 느껴진다. 철저하게 인간들의 행복을 위해 길들여지고 길러지는 존재이기 때문이다. 그들은 어떤 선택도 하지 못하고 그저 인간의 애정을 바랄 뿐이다. 그렇기에 인간은 조금 더 책임감을 느껴야만 한다. 어떤 사람을 주인으로 만나게 되는지에 따라 평생 짧은 줄에 묶여 마당 밖으로 나가지 못할 수도 있고, 사람이 먹다 남긴 음식만 먹으며 생을 마감할 수도 있다. 모진 학대를 당할 수도 있고, 집 안을 세상 전부로 알며 살아야 할 수도 있다.

누군가는 '동물이니까 당연한 거 아니냐' '동물을 사람처럼 대하는 거

아니냐' '유별나다' 등 여러 이야기를 할 수 있지만 나는 동물이라도, 사람이 아니라도 그들 역시 행복할 권리를 가진 생명이라고 생각한다. 이 세상에는 인간뿐 아니라 동물에게도 행복하다고 느껴질 수 있는 것들이 많으니 최대한 함께 행복하고, 함께 나눌 수 있으면 한다. 그들에게 주어진 시간은 우리와 달리 너무 짧다. 젊고 아름다운 모습으로 마음껏 뛰어놀 수 있는 시간이 짧기에 너무 늦지 않은 순간에 주인과 추억을 쌓을 수 있었으면 좋겠다.

페퍼와 한 달간 여행하며 나는 내 개가 얼마나 다양한 표정을 짓는지 보았다. 그 표정들을 한 번 더 보고 싶어서, 내 개의 행복한 얼굴이 고마워서 자꾸만 페퍼와의 여행을 꿈꾸는지도 모르겠다. 그들도 온전하게 행복하다는 것, 즐겁다는 것, 아름답다는 것을 느낄 수 있다. 나와 함께한 순간들이, 우리의 여행이 나에게 잊을 수 없는 기억이듯 내 예쁜 친구에게도 오래도록 행복하게 남을 기억이라 믿는다.

함께 봤던 반짝이는 에펠탑, 낯선 언어를 쓰지만 예쁜 눈과 다정한 손길을 나누어주던 다른 나라 사람들, 자유롭게 뛸 수 있었던 스위스의 초원, 함께 침대에 누워 꼭 안고 잠들었던 시간까지. 그 시간들이 아주 행복했을 거라고, 가끔 다리를 허우적거리며 달리는 페퍼의 꿈속 배경이 우리가 함께였던 여행지일 거라고 생각한다. 너무나도 소중하고 사랑하는 나의 개를 비롯해 이 세상에 머물다 가는 모든 개들의 짧은 생이 행복하고 찬란하기를.

이 책이 내 개의 찬란한 순간의 기록인 것처럼, 그들 역시 각자 사랑하는 이들과 찬란한 기록 한편을 남길 수 있길 소망해 본다.

KI 신서 7200

털북숭이 친구 페퍼와 30일 유럽여행

1판 1쇄 발행 2017년 10월 31일
1판 2쇄 발행 2020년 6월 15일

지은이 권인영
펴낸이 김영곤
펴낸곳 (주)북이십일 21세기북스

출판사업본부장 정지은
디자인 elephantswimming
영업본부 이사 안형태　**영업본부 본부장** 한충희
출판영업팀 김수현 오서영 최명열
제작팀장 이영민 권경민

출판등록 2000년 5월 6일 제406-2003-061호
주소 (10881) 경기도 파주시 회동길 201 (문발동)
대표전화 031-955-2100　**팩스** 031-955-2151　**이메일** book21@book21.co.kr

(주)북이십일 경계를 허무는 콘텐츠 리더

21세기북스 채널에서 도서 정보와 다양한 영상자료, 이벤트를 만나세요!
페이스북 facebook.com/jiinpill21　포스트 post.naver.com/21c_editors
인스타그램 instagram.com/jiinpill21　홈페이지 www.book21.com
유튜브 www.youtube.com/book21pub

ⓒ 권인영, 2017

ISBN 978-89-509-7247-9 13980

· 책값은 뒤표지에 있습니다.
· 이 책 내용의 일부 또는 전부를 재사용하려면 반드시 (주)북이십일의 동의를 얻어야 합니다.
· 잘못 만들어진 책은 구입하신 서점에서 교환해드립니다.